사라져가는 세대

DIE AUSGEFALLENE GENERATION
by Herwig Birg

Copyright © Verlag C. H. Beck oHG, München 2005

All Rights Reserved.
No part of this book may be used or reproduced in any manner whatever without written permission except in the case of brief quotations embodied in critical articles or reviews.

Korean Translation Copyright © 2006 by Planet Media Publishing Co.
Korean edition is published by arrangement with Verlag C. H. Beck through BookCosmos, Seoul, Korea.

이 책의 한국어판 저작권은 북코스모를 통한 저작권자와의 독점 계약으로 도서출판 플래닛미디어에 있습니다. 저작권법에 의해 한국 내에서 보호를 받는 저작물이므로 무단전재와 복제를 금합니다.

사라져가는 세대

헤르비히 비르크 지음 | 조희진 옮김

【 출산율 감소와 인구 고령화, 그리고 인구학이 말하는 우리의 미래 】

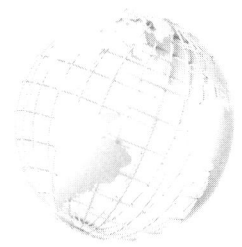

플래닛미디어
Planet Media

■ 추천의 글

인구학적 지식은
사회를 이해하는 가장 기본적인 정보다

한국에 근대 학문으로서 인구학이 소개된 것은 국가의 인구 억제 정책이 수립되던 1960년대 초반으로, 다른 사회과학의 학문 분야들과 비교해볼 때 그리 늦은 편은 아니다. 그럼에도 불구하고 인구학에 대한 사회적 인지도는 상대적으로 낮은 것이 사실이다. 그나마 2000년대 초반 갑자기 출산율이 떨어지면서 머지않아 인구 고령화가 심각하게 우리의 장래를 위협할 것이라는 예측이 나오자, 대중매체에 몇몇 인구학자들이 등장하는 등 인구학에 대한 사회적 관심이 조금씩 늘어나고 있다. 하지만 여전히 많은 사람들이 인구학이 무엇을 연구하는 학문인지 모르고 있다. 대중매체에 저출산 현상과 관련하여 인구학이 거론되고 있기 때문에, 인구학이라는 학문을 출산과 관련된 학문 정도로 생각하는 사람들이 많을지도 모른다.

사실 우리는 중학교 사회 교과서를 통해 이미 인구학, 그것도 출산에만 국한되지 않는 거시 인구 이론을 접해본 경험이 있다. 바로 식량 생산은 산술급수적으로 증가하는데 인구 증가는 기하급수적으로 증가한다는 맬서스의 이론이 그것이다. 하지만 모자라는 식량은 사회의 빈곤을 불러일으켜 사회적 혼란을 가중시키는데, 이러한 현상이 특히 노동자 계층에서 더욱 심각하게 나타나기 때문에 그들의 출산을 억제해야 한다는 맬서스 이론의 핵심 부분까지 기억하는 사람은 많지 않다.

이처럼 인구학에 대한 사회의 관심이 그다지 높지 않은 이유는 무엇일까? 여러 가지 이유가 있을 수 있겠지만, 그 동안 인구학이 무엇을 연구하는 학문인지, 그 학문적 업적과 실용적 성과는 어떤 것들이 있는지, 또 인구 현상에 대한 이해를 일상에서 얼마나 유용하게 이용할 수 있는지 등에 대해 일반인이 쉽게 이해할 수 있는 인구학 교양서가 거의 전무하다시피 한 것이 주된 이유 중 하나일 것이다. 국내 인구학자가 저술한 인구학 교과서는 많이 있다. 하지만 이들 대부분은 대학 교재로서 사회학이나 인구학 전공자를 대상으로 쓰여졌기 때문에 인구학의 관심 영역을 깊게 이해하는 데 도움이 될지는 몰라도 비전공자인 일반인이 지적 호기심이나 교양 수준을 높이기 위해 읽기에는 그다지 적합하지 않다.

이 점에서 이 책 『사라져가는 세대』가 한국에서 인구학에 대한 저변을 확대하고 인구 현상에 대한 일반인의 이해를 증진시키는 데 크게 기여하리라고 본다. 이 책의 저자인 헤르비히 비르크는 저명한 유럽 인구학자로서 독일 인구학회장을 역임하였고 인구학 이론과 최근의 인구 현상을 분석하는 다수의 논문과 책을 저술하는 등 활발하게 활동하고 있다. 이 책은 대표적인 근대 인구학자들의 사상과 이론에서부터 세계 인구의 과거·현재의 특징과 분포, 그리고 미래 변화와 발전에 대한 예측과 추정에 이르기까지 인구학의 주요 주제를 소개하고 있다.

이 책의 장점은 다음 3가지로 요약할 수 있다.

첫째, 앞에서 밝힌 바와 같이 이 책은 전문적인 인구학에 대한 사전 지식이 없더라도 일반인이 쉽게 접근할 수 있는 인구학 교양서이다. 하지만 인구학 교양서라고 해서 그 내용이 절대로 부실하지 않으며 오히려 대학에서 인구학 전공자를 위한 개론서 혹은 참고서로 사용해도 무방할 정도로 충실한 내용과 깊이를 겸비하고 있다.

둘째, 이 책은 현재 한국에서 심각한 사회 문제로 대두되고 있는 저출산을 비롯한 다양한 인구 현상을 이해하고 그에 대한 사회적·정책적 대안을 제시하는 데 필요한 기본 정보를 제공하고 있다.

이 책의 저자가 독일인이다 보니 독일의 인구 현상을 많이 소개하고 있다. 우리나라의 이야기가 아니라서 이를 다소 불편하게 생각할지도 모르지만, 독일이 저출산 현상을 지난 수십 년간 경험해 왔고, 이에 대한 수많은 사회적 대책을 수립하여 시행하고 있으며, 이에 대한 앞으로의 전망을 다소 구체적으로 예측하고 있다는 점 등은 우리나라의 저출산을 이해하고 그 대안을 마련하는 데 필요한 정보를 제공하고 방향을 제시해줄 수 있다는 점에서 오히려 긍정적으로 평가할 수 있다.

예컨대, 현재 우리나라에서 저출산과 관련하여 여성가족부를 중심으로 강력히 추진하고 있는 정책 중 하나가 여성의 사회 참여 확대와 가정 및 사회에서의 지위 향상인데, 이는 이미 독일에서 추진했던 정책으로 그 평가가 제9장에 제시되어 있다. 또한 낮은 출산력으로 인해 줄어들게 된 노동인력을 보충하기 위해서 외국인 노동자를 수입하는 것을 현재 우리나라 정부가 고려하고 있는 것으로 알려져 있는데, 이 역시 이미 독일이 경험했던 정책으로서 그에 대한 평가가 제11장에 제시되어 있다. 이를 바탕으로 과연 그러한 정책들을 우리나라의 상황과 현실에 적용할 수 있는지에 대한 통찰력을 기를 수 있을 것이다.

셋째, 이 책은 인구학적 지식뿐만 아니라 일반 교양을 함양하는 데 큰 도움이 될 것이다. 이 책을 통해 확인할 수 있는 바와 같이 인구학이라는 학문은 단순히 인구 현상뿐만 아니라, 인구 현상이 다른 사회적 구성 요소나 제도 혹은 문화와 어떻게 상호작용하는지 분석하는 것을 중요한 연구 과제로 삼고 있다.

예를 들어 우리가 출산율이 떨어지는 현상에 대해 사회적으로 관심을 크게 가지는 이유가 출산율이 떨어지면 인구가 점점 고령화되고, 이는 노동시장에서 노동력 감소를 불러와 국가 경제 활동이 크게 위축되고 노동 생산성이 약화될 수 있기 때문이다. 이것은 출산이라는 인구 현상이 국가적 거시 경제 및 노동 생산성과 밀접하게 연관되어 있다는 것을 시사한다. 또 다른 예로 마케팅을 들 수 있다. 한 사회의 인구 연령구조가 변화한다는 것은 상품의 주요 고객이 변화한다는 것과 같은 의미이므로, 인구 연령구조의 변화에 맞춰 마케팅 전략을 수정해야 한다. 이처럼 인구학적 지식은 사회를 이해하는 가장 기본적인 정보로서 인구 현상에 대한 이해는 다른 사회 현상을 이해하고 분석하는 데 중요하다.

현재 유럽과 미국 등 경제 선진국에서는 수많은 인구학자들이 다양한 분야에서 활발히 활동하고 있다. 특히 인구에 대한 정보를 수집하고 분석하는 작업이 필수적인 정부 조직과 마케팅이나 경영 컨설팅 분야의 민간 기업에서 인구학자들의 활동이 눈부시다. 우리나라에서도 앞으로 인구학적 이해와 지식에 대한 사회적 요구가 점점 커질 것이다. 최근 서울대학교 입시 논술 문제에 사망이나 이혼 그리고 그것들을 측정하는 인구학적 방법에 대한 내용이 등장하고 있는데, 이것은 그러한 변화의 작은 예라 할 수 있겠다. 이 책을 통해 독자는 그러한 요구에 능동적으로 대처할 수 있는 능력을 키울 수 있을 것이다.

조 영 태
(서울대학교 보건대학원 교수, 인구학 전공)

■ 차 례

추천의 글 _5
서문 _13

1 | 고전주의 인구 이론과 현대 이론 _16

2 | 200년 역사의 맬서스 인구론 _24

3 | 독일 고전주의 인구학의 기원 _32

4 | 세계 인구 증가의 종말 _42

5 | 독일 인구학 분야의 세계 기록 _54

6 | 세계 인구 추정: 신뢰도 및 주요 결과 _70

7 | 유럽 인구 감소와 북아프리카 및 서아시아 지역의 인구 증가 _88

8 | 독일의 인구 추정 _98

9 | 출산율이 감소하는 이유 _116

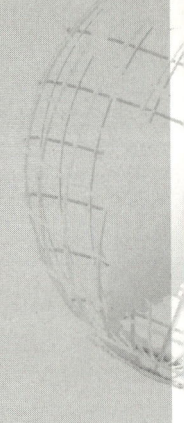

10 평균 수명의 연장과 인구 고령화의 장기 경향 _134

11 이민으로 인한 독일 인구 발전의 세계화 _146

12 인구학, 번영, 그리고 공공복지 _156

13 인구학과 사회 정의 _170

14 지역간의 인구 문제 _188

15 인구 변화로 인한 국내외 갈등 _194

16 어떤 대책이 있을까 _204

17 인구통계학 시계는 현재 12시 30년을 가리키고 있다 _212

참고 문헌 _218

■ 서 문

오늘날 인구학이 만인의 입에 오르내리고 있다. 그러나 일반인이 계속해서 여론조사와 혼동하고 있는 이 인구학이라는 학문은 도대체 어떤 학문인가? 지리는 학교에서 배우는 기초 지식에 속하지만, 인구학에 대해서는 전혀 배운 바가 없다.

인구학의 발전은 우리 모두와 관련되어 있다. 그 영향은 무척 광범위해서 개관하기가 쉽지 않다. 예를 들어, 외국계 펀드회사의 독일 기업 인수전이 인구학과 관계가 있다는 것을 누가 알겠는가. 미국이나 영국처럼 투자된 자본금으로 운영하는 노후 대책을 갖춘 국가들과는 달리, 독일은 분담금 방식으로 자금을 조달하는 사회보장제도 때문에 국제적 명성을 떨치는 합자회사나 은행이 없다. 다시 말해 경제적으로는 잠재력이 커도 국제적 경쟁력을 갖춘 금융력을 확보하지 못하고 있다. 그렇기 때문에 외국계 펀드가 인수한 기업들의 배당금과 후손들의 몫인 국가 차관의 이자는 캘리포니아, 필라델피아, 그리고 콘웰의 연금 수탁자들에게 흘러 들어간다. 이에 비해 국채는 점점 감소하는 우리 자녀들과 손자손녀 세대가 상환해야 한다. 인구학과 관련된 이런 국제적인 갈등은 인구학의 전문적이면서도 포괄적인 의미에서 살펴본 실제 예들 가운데 하나에 불과하다.

독자는 이 책을 통해 인구학이라는 분야를 개관할 수 있을 것이다. 전문적 토대를 심화하고자 하는 독자라면 내가 쓴 『세계 인구 - 역동과 위기』(뮌헨, 2004), 『인구학의 시대 변천 - 독일 및 유럽의 인구 감소』(뮌헨, 2005), 『21세기 세계 인구 전망 이론 해설 및 수량 시뮬레이션』(프랑크푸르트 암 마인, 뉴욕, 1955)과 이 책의 참고 문헌, 그리고 각주의 참고 자료를 참조하기 바란다.

필자는 인구학의 기초 지식과 정보에 대한 일반인의 늘어나는 관심에 부응하기 위해 2005년 초, 일간지 《프랑크푸르터 알게마이넨 차이퉁(Frankfurter Allgemeinen Zeitung)》에 "인구학 기초 과정"이라는 제목으로 관련 기사를 연재했다(2005년 2월 22일~4월 3일). "인구학 기초 과정" 연재 후 몇몇 출판사가 출판에 큰 관심을 보였고, 필자는 폭넓은 독자를 위해 더 많은 분량의 에세이를 쓰기로 결심했다. 간명한 에세이 스타일을 유지하면서 "인구학 기초 과정"에서 다뤘던 소재 영역을 확대하고 흥미로운 인구학의 역사를 추가했다. 또 유엔의 세계 인구 예측뿐만 아니라 독일과 유럽에 대한 인구 추계의 실제 결과까지 반영했다. 이런 저런 증보를 합하면 분량면에서 "인구학 기초 과정"의 약 8배 정도가 된다.

필자는 신문 기사 열 편에서 도표 삽입을 포기해야만 했다. 독일 내에서는 초지역적 신문에서조차도 예외적인 경우에만 기사에 도표를 삽입할 수 있기 때문이다. 이 책에는 도표 22개와 표 16개가 들어 있다. 이것들이 담고 있는 정보의 내용은 단순히 글로 설명하는 것 이상이다.

이 자리를 빌려 이 책의 연구결과를 얻기까지 함께 참여해주신 모든 분들께 고마운 마음을 전하고 싶다. 특히 아낌없이 지원해주신 에른스트-위르겐 플뢰트만, 알렉산더 푸어만, 마르틴 겐츠, 라인하르트 루스, 비서 브리기테 발하우제에게 진심으로 감사드린다.

헤르비히 비르크
2005년 6월, 빌레펠트 대학교에서

Die ausgefallene Generation ▎

1
고전주의 인구 이론과
현대 이론

오늘날까지도 중요하게 여겨지는 맬서스 이전 시대의
고전주의 인구 이론에서 핵심을 이루는 것은 세계와 인간을
개선시키고자 하는 꿈이 아니라,
현 인구 상황의 변화를 몰고 올 잠재력이다.
고전주의 인구 이론은 현대성을 지니고 있기 때문에 오늘날에도 유효하다.

■ ■ ■

19세기 말 비스마르크가 도입한 근대적 사회보장은, 20세기에 들어와 국제적으로 찬사를 받은 독일의 위대한 개혁 가운데 하나였다. 이 근대적 사회보장은 제1,2차 세계대전과 그에 따른 자본 불식에도 불구하고 대단한 성공을 거두었다.

하지만 성공에 따른 일종의 부작용(19세기 말 이후에 태어난 신생아를 기준으로 했을 때 출산율이 여성 1인당 5명에서 현재 1.3명으로 떨어졌다)이 나타났고, 그 결과 사회보장제도가 제 기능을 하지 못하게 되었다. 사람들은 근대적 사회보장 때문에 더 이상 노년이나 병에 걸렸을 때를 대비해 일종의 보험용으로 아이를 가질 필요를 느끼지 못하게 되었다. 물론 근대적 사회보장이 19세기 말 이후 수십 년에 걸쳐 나타난 독일 출산율 감소의 유일한 원인은 아니지만, 중요한 원인 가운데 하나인 것만은 분명하다. 왜냐하면 우선 사회보장제도가 성공적으로 운영되어야만 사회 전반적인 다른 요소들도 제 기능을 발휘할 수 있기 때문이다.

오늘날 이런 사실을 기억하는 것은 중요하다. 왜냐하면 21세기 초 독일에서는 철저한 사회 개혁을 통해 사회보장과 함께 사회·경제 정책을 총체적으로 쇄신해야 한다는 과제가 점점 늘어나고 있기 때문이다. 이번에는 비스마르크 시대처럼 정치적 이유 때문이 아니라 인구학적 이유 때문에 새로운 과제가 등장하고 있다. 인구통계학과 인구학은 정책을 구상하고 계획을 짜고 개혁을 준비하는 과정에서 결정적인 핵심 역할을 할 것이다. 멋진 상상에 지나지 않을 수도 있지만, 실현할 수 없더라도 최소한 인구학과 인구통계학이 정책을 구상하고 계획하며 개혁을 준비하는 과정에서 결정적인 핵심 역할을 할 것이라는 점을 유념해두어야 한다.

사회 개혁 작업의 학문적 토대를 마련하는 과정에서 인구학의 고전 시대라고 할 수 있는 18세기의 몇몇 큰 성과를 인구학에 접목하기만 한다면, 인구학은 독일에서뿐만 아니라 다른 나라에서도 르네상스를 맞게 될 것이다. 그 예로 사람들 대부분이 현대 사상으로 여기는 인구통계학적인 '지구의 수용 능력'에 대한 고찰을 들 수 있다. 이것은 사람들 대부분이 현대 사상으로 여기고 있지만, 자세히 살펴보면 인구학 분야에서 최초의 대가라고 할 수 있는 독일 베를린 출신 학자 요한 페터 쥐스밀히(Johann Peter Süßmilch, 1707~1767)[*]가

---

[*] 인구통계학의 선구자로서 독일 통계학과 인구학의 아버지로 불린다. 독실한 프로테스탄트 가정에서 태어나 베를린의 수도원과 해부학연구소에서 어학, 의학, 해부학, 식물학 등을 공부했다. 그 후 할레 대학교, 예나 대학교에서 수학, 신학, 철학 등을 배우고 목사가 되었다. 제1차 슐레지엔 전쟁 때 목사로서 종군하여 주요 저서 『신의 질서』(1741)를 집필했다. 이 책에서 그는 인간의 출생, 혼인, 사망 등에 관한 자료를 모아 정리·집계하고, 거기에 항상 일정한 통계적 법칙이 존재한다는 것을 입증하여 그것을 신의 섭리, 질서라고 했다.(옮긴이)

1741년 자신의 책에서 이미 언급했던 것으로, 생태학적·사회적 발전의 지속성에 대해 논의하고 있는 많은 이데올로기적이고 선전적인 현 시대의 책들보다 쥐스밀히의 책이 이 문제를 더 깊이 다루고 있다.

오늘날 경제·경영 학자, 행정전문가, 정치가, 문화비평가, 지식인이 인구학적 논증을 이용하는 사례가 빠르게 늘어나고 있다. 필자는 이러한 인구학을 '일시적 인구학'이라고 부르고 싶다. 이러한 일시적 인구학 분야에서도 이미 인구통계학적으로 지구의 수용 능력을 고찰하고 있고, 인구학에 관련된 이차 문헌들도 우후죽순으로 나오고 있다.

18세기 독일 인구학에서는 30년 전쟁[*]과 페스트, 천연두, 콜레라와 같은 전염병으로 사람들이 없어진 지역의 재정착이 문제가 되었다. 그러나 오늘날에는 전쟁이나 기아 때문이 아니라 루드비히 4세조차도 상상하지 못한 부의 결과로 인구가 감소하고 있다. 오늘날과 마찬가지로 당시 논쟁이 되었던 문제들은 가족, 출산, 개발 정책에 관한 국가적인 조치, 이주자 모집(그리고 인구의 전출을 막는 일), 그리고 사회보건 정책의 조치를 통한 기대 수명의 향상 등이었다. 18세기와 21세기 상황에서 차이가 있다면, 우리는 현 시대의 학문적 인식과 경험에서 많은 것을 배울 수 있는데도 그렇게 하지 않는다는 것이다. 반면에 18세기의 인구학은 학문의 결과에서 국가 발

---

[*] 1618~1648년 독일을 무대로 그리스도교와 가톨릭교 간에 벌어진 종교 전쟁. 이 전쟁으로 독일 대부분 지역이 황폐화되었고 인구가 격감했다. 독일이 이 전쟁의 폐허로부터 일어서는 데 1세기가 걸렸다.(옮긴이)

전을 위한 최선의 해결책을 이끌어내기 위해, 새로운 학문적 방법으로 인구 추이를 설명하고 예측하는 데 모든 것을 걸었다.

철학 분야에서 임마누엘 칸트와 인구학 분야에서 요한 페터 쥐스밀히가 각각 얼마나 획기적인 업적을 남겼고 어떤 소중한 지식을 남겼는지는 요한 페터 쥐스밀히의 뒤를 이은, 두 번째로 위대한 인구학자 토머스 로버트 맬서스(Thomas Robert Malthus, 1766~1834)의 시대보다 200년이 지난 오늘날에 와서 더 제대로 평가받고 있다.

1798년 영국 런던에서 간행된 맬서스의 『인구론(An Essay on the Principle of Population)』은 역사상 가장 영향력 있는 책 가운데 하나이다. 올바른 이론보다 더 유용한 것은 없으며 그릇된 이론보다 더 치명적이고 위험한 것은 없다. 세상의 어떤 권력도 잘못된 이론에서 올바른 결론을 이끌어낼 수는 없다. 그릇된 사회 이론을 정치적으로 이용해 실용화하면 우리의 삶은 위험에 처하게 된다. 맬서스의 인구론은 그 시대에 이미 그릇된 것으로 판명이 났고, 이보다 앞선 쥐스밀히의 인구학은 옳은 것으로 판명이 났다.

쥐스밀히의 시대에 인구 변동에 대한 분석과 예측은 낙관주의로 물들어 있었지만, 오늘날 인구학은 대체로 우울한 비관주의에 휩싸여 있다. 그런데도 여기서 인구학이 르네상스를 맞이했다고 말한다면, 그것은 독일에는 해당되지 않는 것처럼 보인다. 왜냐하면 수십 년 전부터 독일의 학자들은 인구통계학적 변동이 가져올 결과에 대해 경고해왔지만, 정치계와 여론은 거기에 반응을 보이지 않았기 때문이다.

예견된 문제들은 이제 모두가 느낄 수 있을 만큼 다가와 있다. 1

인당 소득은 수년째 정체되어 있다. 납세자의 수와 더불어 수세(收稅)의 성장도 줄어들고 있고, 이와 함께 국가가 취할 수 있는 대책 마련의 폭도 점점 줄어들고 있다. 버팀목도 없이, 마치 경사진 철로에서 미끄러지는 것과 같다. 도시 한복판에 불과 몇 십 년 전에 만든 장식 분수가 있는데, 펌프를 작동시킬 수단이 어느 순간 없어지리라고는 아무도 상상하지 못했던 것이다. 동시에 사회 일부에서는 부와 사치가 현기증을 일으킬 정도로 파렴치한 수준으로까지 치닫고 있다. 장식 분수의 펌프를 작동시킬 수단이 없어진 것과 사회 일부에서 부와 사치가 극에 달한 것은 서로 별개의 문제가 아니다. 아마도 누구나 인구학적 경고를 느끼고 있을 것이다. 인구의 수적 차원에서 볼 때 일종의 황혼이 이 땅에 드리워져 있는 것이다.

이러한 상황에서 인구학의 빛나는 발전을 상상하는 것은 어떻게 보면 대담한 일인지도 모른다. 많은 사람들에게 이런 생각은 유토피아처럼 보일 것이다.

하지만 18세기 독일에서는 이런 종류의 유토피아가 실재했다. 18세기에 형성되어 오늘날까지도 지속되고 있는 인구학의 기본 개념들을 그것의 모태인 계몽주의* 사상 및 이상과 결합하면 새로운 유토피아를 만들 수 있다. 오늘날까지도 중요하게 여겨지는 맬서스 이전 시대의 고전주의 인구 이론에서 핵심을 이루는 것은 세계와

---

* 17, 18세기 유럽의 지적 운동. 신(神), 이성(理性), 자연, 인간 등의 개념을 하나의 세계관으로 통합한 사상운동으로서, 예술, 철학, 정치에 혁명적인 발전을 가져왔다. 계몽주의는 인간은 이성의 힘으로 우주를 이해하고 자신의 상황을 개선할 수 있다고 보았으며, 인간 이성이 무한히 진보하면 완전한 개인과 완전한 사회가 실현될 것이라고 확신했다. 따라서 인구 증가로 인한 과잉 인구 문제는 인간 이성이 발달하면 자연히 해결할 수 있다고 보았다.(옮긴이)

인간을 개선시키고자 하는 꿈이 아니라, 현 인구 상황의 변화를 몰고 올 잠재력이다. 고전주의 인구 이론은 현대성을 지니고 있기 때문에 오늘날에도 유효하다.

그런데 어떻게 해서 오늘날 고전주의 인구 이론이 단절된 것일까? 맬서스 이전 시대의 고전주의 인구 이론을 어떻게 잊어버릴 수 있단 말인가? 그것은 마치 천문학이 갈릴레이 시대 이후에 프톨레마이오스 시대로 되돌아가는 것과 같다. 맬서스 이후에 지구는 다시 하나의 원반이 되었으며, 맬서스 이후의 인구학에서는 태양이 지구 주위를 돈다. 왜 인구학은 쥐스밀히의 이론을 19세기까지 발전시키지 못한 것일까?

맬서스는 쥐스밀히의 저서를 연구했고 쥐스밀히의 학문적 자료를 자신의 목적을 위해 사용했다. 하지만 맬서스는 수백 쪽에 이르는 자신의 저서 어디에도 쥐스밀히가 밝혀낸 사실에 대해 단 한 마디도 언급하지 않았다.

프랑스 파리 에튀드 데모그라피 국립연구소의 인구학 역사 분야 전문가인 자클린 헤히트(Jacqueline Hecht)에 따르면, 맬서스가 쥐스밀히의 이론을 어떤 식으로든 인정하지 않았을 뿐만 아니라, 쥐스밀히의 광범위한 인구 데이터를 마치 채석장에서 돌 다루듯이 마구 다루었고, 게다가 쥐스밀히의 인구 통계 관련 사실과 이론이 자신의 이론에 위배되는 경우 도표를 조작하는 것도 서슴지 않았다고 한다.

쥐스밀히의 인구 이론은 옳은 것으로 증명된 반면, 맬서스의 이론은 실제로 인구 변동사를 통해 이미 오래 전에 반박됐다. 하지만 그럼에도 불구하고 인구학 전문 분야와 일시적 인구학 이외의 분야에서 쥐스밀히의 이름은 알려져 있지 않다.

반면 맬서스에 대한 기초 지식은 전 세계적으로 일반 교양이 되었다. 맬서스의 인식 세계가 여전히 인구 변동에 관한 사람들의 생각을 지배하고 있는 것을 어떻게 설명해야 할까? 왜 인구 변동에 관한 수많은 베스트셀러들이 이미 오래 전에 반박된 맬서스의 주장들을 여전히 중요하게 다루고 있는 것일까?

Die ausgefallene Generation

2
200년 역사의
맬서스 인구론

맬서스는 논리적 연역법으로 볼 때 논쟁의 여지가 없고 통속적인
3가지 전제에서 도출한 정치적 추론들을 『인구론』에 서술했다.
첫 번째 전제는 인간이 생산하는 생계 수단인 식량은 산술급수적
성장 법칙을 따른다는 것이다.
두 번째 전제는 이에 비해 인구는 기하급수적 성장 법칙을 따른 다는 것이다.
세 번째 전제는 노동자 계층이나 하위 계층 사람들 대다수는
물질적인 생활 조건을 개선하기 위해 출산율을 높인다는 것이다.
이와 같은 추론들은 과연 정당한가?

■ ■ ■

    1882년, 구스타프 콘(Gustav Cohn)은 맬서스가 익명으로 출간한 『인구론』을 "지금까지 모든 국가 경제에 기반이 되는 중요한 자연법"이라고 평가했다. 이에 반해 독일 경제학자이자 사회학자인 베르너 좀바르트(Werner Sombart)는 1938년 자신의 저서 『정신과학으로서의 인류학』에서 맬서스의 『인구론』을 "세계의 문헌 중 가장 멍청한 책"이라고 평가했다.
    맬서스는 "사회의 미래 발전에 영향을 미치는 인구 원칙에 관한 소론(小論). 고드윈, M. 콩도르세 및 기타 저자들의 견해에 대한 비평"(『인구론』 원제)이라는 긴 제목을 가진 저서를 저술했다. 그의 부모는 계몽주의와 프랑스 혁명의 이상(理想)을 따르는 영국 지방 귀족이었다. 맬서스의 아버지는 데이비드 흄, 장자크 루소 등 영국과 프랑스 계몽주의의 대가들과 친교를 맺고 있었다. 하지만 놀랍게도 맬서스는 저서의 목표를 계몽주의의 정치적 목표와 상반되게 설정했다. 케임브리지 대학의 지저스 칼리지를 졸업한 그는 요한 페터 쥐스밀히처럼 생계를 위해 처음에는 목사로 일을 하다가 훗날 국민경제학 분야의 세계 최초 교수가 되었다. 또한 맬서스는 영국에서 생긴 고전학파의 공동 창시자이기도 하다. 이 고전학파는 고전경제학파, 또는 경제정책이나 사회정책을 비판하는 성향 때문에 정치적 경제학파라고도 한다. 『인구론』은 맬서스의 처녀작으로, 사람들의 생각에 혼란을 불러일으키는 논쟁의 소지가 있는 책이다. 이 책은 사람들이 생각하는 것처럼 학자의 비장한 각오가 담긴 작품은 아니다. 맬서스는 프랑스 혁명 이후에 영국에도 만연했던 혁명적·정치적 유토피아를 퇴치하기 위해 이 책을 저술했다.

맬서스가 선견지명이 있어 자신보다 50여 년 뒤에 태어난 카를 마르크스의 관심을 받으려 했다면, 1798년에 초판을 출간하고 5년 후에 대폭 개정한 『인구론』의 제2판에서 그랬던 것*처럼 제1판에서도 자신의 주장을 펼쳤어야만 했다. 그러나 맬서스는 그러지 못했고 그 결과 수십 개의 반박문이 나왔지만, 독일 나치에 의해 그의 이론이 되살아나기 전인 19~20세기 초까지 우레와 같은 박수갈채가 계속 쏟아져나오기도 했다.

맬서스는 논리적 연역법으로 볼 때 논쟁의 여지가 없고 통속적인 3가지 전제에서 도출한 정치적 추론들을 『인구론』에 서술했다.

첫 번째 전제는 인간이 생산하는 생계 수단인 식량은 산술급수적 성장 법칙을 따른다는 것이다. 말하자면 식량은 동일한 시간 안에

---

* 인구를 억제하는 방법으로서 금욕을 통한 성적 타락을 막고 결혼 시기를 늦추는 등의 도덕적 억제를 주장했다.(옮긴이)

동일한 양이 늘어난다는 것이다. 이것은 곧 백분율로 계산하면 시간당 증가율이 감소함을 의미한다.

두 번째 전제는 이에 비해 인구는 기하급수적 성장 법칙을 따른다는 것이다. 말하자면 이자 계산 방법인 복리처럼 같은 시간 내, 같은 성장률이라 할지라도 기본이 되는 인구수가 달라지기 때문에 인구는 기하급수적으로 성장한다.

세 번째 전제는 노동자 계층이나 하위 계층 사람들 대다수는 물질적인 생활 조건을 개선하기 위해 출산율을 높인다는 것이다.

인구가 기하급수적으로 늘어나게 되면 어느 시점에서부터는 식량이 부족해지기 때문에 인구수가 식량의 양을 초과한다는 결론이 도출된다. 최저 생계비를 조금 넘는 급여 인상이나 빈민자 구호를 통해 하층민의 생활 조건을 개선하려는 대책들은 상황을 더욱 악화시킬 뿐이다. 동시에 이런 대책들은 출산율을 높이기 때문에 식량 한계를 넘어설 정도로 인구수가 증가하면 기근, 전쟁, 질병(적극적 억제)으로 사망률이 증가하여 인구 증가가 멈추고, 그러고 나면 다시 최저 생계비로 생활하게 될 것이다. 이렇게 보면 사람들은 역시 맬서스의 '인구론'에서 벗어날 수 없다. 이제 사람들이 할 수 있는 것은 만혼이나 금욕을 통해 출산율을 제한하면서 자연법칙에 따른 출산의 욕구를 예방하는 것이다(예방적 억제).

고전경제학파의 임금론은 맬서스의 '인구론'에서 비롯된 수많은 추론들 중 하나이다. 고전경제학파의 임금론에 따르면, 최저 생계비를 넘는 임금은 오랜 기간 동안 지속될 수 없다. 그 이유는 고임금은 출산율을 증가시켜 보다 더 많은 일자리를 제공해야 하는 결과를 가져오고, 그로 인해 임금은 다시 '원래 수준', 즉 최저 생계비 수준으로 떨어지기 때문이다. 맬서스의 '인구론'에 따르면, 과잉 일자리나 과잉 인구는 사망률을 증가시켜 경감시킬 수 있다. 또 사회 정책 영역에서의 또 다른 추론에 따르면, 원조라고 하는 것은 상황을 더욱 악화시키기 때문에 비도덕적이다. 그렇기 때문에 국가의 극빈자 구호 및 개개인의 자선은 폐지해야 한다. 맬서스는 자신의 생애가 끝나갈 무렵 영국에서 빈민자 관련법 개혁을 시도하여 국가 차원의 빈민 구호를 폐지시켰다. 맬서스의 '인구론'의 이념들이 그 효과를 발휘한 것이다.

맬서스 '인구론'의 이와 같은 추론들은 과연 정당한가? 3가지 전제에서 도출된 논리적 추론은 단지 해당 전제들이 옳을 경우에만 진실이 될 수 있다. 첫 번째 전제는 보편적으로 볼 때 옳지 않다. 식량은 산술급수적으로 생산되는 것이 아니라, 인구수와 마찬가지로 기하급수적으로 생산된다. 게다가 대부분의 산업국가와 개발도상국가에서는 식량 생산 증가율이 인구 증가율보다 커져서 1인당 생산량은 감소하기는커녕 오히려 계속 증가하고 있다. 19세기 말 프란츠 오펜하이머(Franz Oppenheimer, 1864~1943)[*]는 맬서스의 '인구론'을 논리적으로 재검토했다. 그는 "인구수가 생계 수단을 능가하는 추세가 아니라, 생계 수단이 오히려 인구수를 능가하는 추세다"라고 말했다. 이런 추세는 19세기 말에 처음 나타난 것이 아니라,

---

[*] 독일의 사회학자, 경제학자. 사회 문제, 특히 사회병리 현상이나 토지·주택 문제에 관심을 갖고 《국가론(Der Staat)》(1907)을 펴냈다.(옮긴이)

맬서스 생전에 이미 나타났다(그는 이 사실을 이미 알았거나 쥐스밀히의 인구 이론을 통해 알고 있었을지도 모른다). 맬서스의 '인구론'이 등장하던 시점부터 21세기 초까지 세계 인구는 10억에서 65억으로 늘어났다. 식량 한계 현상이 일어나는 시기가 계속 연기되고 있기 때문에, 21세기에도 인구는 90억, 100억까지 계속 늘어날 것이다. 유엔 발표 이후 세계 인구의 증가에도 불구하고 기아에 허덕이는 사람들의 숫자는 늘지 않고 약간 감소하고 있다. 유감스럽게도 사람들이 좋은 뉴스보다 나쁜 뉴스를 더 좋아해서인지 이런 사실은 거의 가려져 있다.

두 번째와 세 번째 전제도 맞지 않는다. 복지 증대로 여성 1인당 출산율은 늘지 않고 줄고 있다. 맬서스 역시 이 사실을 알고 있어야만 했다. 독일 출신 선험자인 쥐스밀히가 자신의 책에서 맬서스의 추론과는 정반대되는 추론을 통해 이런 진상을 폭넓게 서술했기 때문이다. 쥐스밀히가 추론했던 대로 여성 1인당 출산율과 인구 성장률은 산업화 및 도시화와 함께 쇠퇴하는 추세를 보였다. 많은 산업 국가들 중 특히 독일은 20세기 후반에 오히려 마이너스 인구 성장률을 보였고 이민 이입을 제외하면 인구는 감소했다.

많은 동물들은 서식지의 식량 공급원 상태에 맞게 새끼수를 제한하면서 번식 행위를 한다. 동물들은 많은 새끼를 낳기보다 태어난 새끼를 먹이고 기르는 데 힘을 기울인다. 맬서스 시대에도 마찬가지였다. 가장 고도로 진화한 존재인 인간이 다른 동물들처럼 왜 번식을 조절하지 못했겠는가? 진실과는 거리가 먼 전제임에도 불구하고 맬서스의 '인구론'은 왜 호평을 받았는가?

물론 오류가 드러났는데도 계속 살아남는 이론들이 있긴 하다. 1970년대 연간 세계 인구 증가율이 정점에 이르고(그 이후에는 감소했다), '인구 폭발' 개념을 일반적 상식으로 만든 책들이 출간되자, 일시적 인구학에서 맬서스 이론이 부활했다. 1980년대 '인구 폭발'에도 불구하고 (정책 실패로 인한 식량 생산의 부족과 분배가 아니라) 자연적인 식량 한계 현상이 나타날 수 없다는 사실이 점점 명백해지자, 맬서스의 식량 한계가 아니라 자원의 한계가 논점이 되었다. 그리고 화석연료와 같은 중요한 자원의 고갈에 대해 로마 클럽[*]의 일시적 인구학자들이 내놓은 예언이 잘못되었다는 것이 결국 밝혀지자 (알려진 석유 보존량은 소비가 늘어남에도 불구하고 줄지 않고 늘어나고 있고, 알려진 석탄 보존량은 몇 백 년은 더 쓸 수 있을 만큼 충분하다), 논점이 자원의 한계에서 환경의 한계로 옮겨갔다. 식량 한계에 대한 맬서스 이론이 생태학적 맬서스 이론으로 변한 것이다.

맬서스 인구론의 3가지 전제에서 하층민 인구를 개발도상국 인구로, 식량 한계 문제를 환경 한계 문제로 대체하고 그것을 입증하는 방법들을 그대로 둔다면, 맬서스 인구론은 20세기와 21세기의 문제들에 적합한 것처럼 보인다. 정치적 추론들도 마찬가지다. 당시의

---

[*] 1968년 4월에 이탈리아의 실업가인 아우렐리오 페체이(Aurelio Peccei)가 심각한 세계 문제에 관한 연구의 시급함을 절감하고 뜻을 같이하는 유럽의 경제학자와 과학자, 기업인 등과 함께 1970년 3월에 스위스 법인체로 설립한 민간 단체이다. 1972년에 세계 경제가 전례 없는 고도성장을 구가하고 있던 시기에 발표한 로마 클럽의 '성장의 한계'는 많은 논란을 불러일으켰다. 비판자들은 이 보고서가 자원 위기의 실상을 과장했으며 위기를 극복해가는 인간의 능력을 과소평가했다고 지적했다. 다른 한편에서는 인류 전체의 위기를 지나치게 강조함으로써 선진국과 후진국의 자원 이용 불균형을 희석시켜 불평등한 경제 관계를 유지하는 결과를 낳는다고 비판했다.(옮긴이)

요구 사항은 '빈민 구호 폐지'였다. 오늘날 특히 미국과 영국에서 등장하고 있는 맬서스 이론을 주장하거나 근거로 하는 학파는 특정한 형태의 원조를 폐지해야 한다고 주장한다. 무엇보다도 인구 성장률이 높은 극빈국가의 어머니와 아이들을 위한 인도적·의학적 차원의 구호는 폐지해야 한다는 것이다. 왜냐하면 그러한 지역의 아이들이 더 많이 살아남을수록 인구는 증가할 것이고 그러면 그로 인한 문제들도 함께 증가할 것이기 때문이다.

이 학파는 '구명보트 윤리'로 불리는 도덕성으로 자신들의 정치적 요구 사항들을 포장했다. 하지만 이 학파는 분명 맬서스를 근거로 하고 있다. 그들은 "구호는 비도덕적이다"라는 말로 그들의 메시지를 전하고 있다. 인류의 상황을 모든 사람들을 구해줄 수 있을 만큼 구명보트가 충분하지 않은 배가 침몰하는 상황에 비유하면서 충격적인 발언을 시작한다. 구명보트에 앉은 사람들(산업국가의 사람들)이 넓은 아량을 발휘해 바다에 떠 있는 사람들을 위해 자기 자리를 내어준다면 치명적인 결과를 불러올 것이다. 보트는 다른 사람들의 희생으로 자신이 살아남았음에도 불구하고 전혀 양심의 가책을 느끼지 않는 사람들로 채워질 것이다. 이렇게 되면 구호로 인해 세상의 도덕적 수준은 악화될 것이다.

논리적 연역법에 의하면 구명보트의 비유를 받아들이는 사람은 "구호는 비도덕적이다"라는 논리적 추론을 거부하기 어려울 것이다. 하지만 세계는 (아직) 침몰해가는 배와 같은 상황에 처해 있지 않으며 구명보트의 수도 아직까지 늘릴 수 있기 때문에 이런 재난은 피해갈 수 있다. 그러므로 이런 비유 자체에 결함이 있다.

Die ausgefallene Generation

3
독일 고전주의 인구학의
기원

독일 고전주의 인구학과 19세기와 20세기의 인종주의적 인구론 사이에서
정신적 유대나 연계성의 흔적은 찾아볼 수 없다.
독일 고전주의 인구학의 특징은 보편적이고 인도주의적이며
기독교적인 원칙을 지녔다는 것이다.
19세기와 20세기의 인종주의적 인구학은 독일 고전주의 인구학의 전통을
이은 것이 아니라 오히려 붕괴시킨 것이다.

■　■　■

　민족사회주의 시대의 인구학 발전이 비정상적이었다는 것을 언급하지 않고는 인구학의 역사를 말할 수 없다. 나치의 인종론이나 인구론은 나치의 잣대에 따라 규정된 열등한 사람들을 국가 차원에서 처형하는 것을 정당화시켰다.

　이로 인해 오늘날 많은 사람들은 20세기 대참사인 제2차 세계대전이 끝이 났는데도 독일 문화의 핵심에 비인도적이며 위험한 성향이 존재하고 있다고 믿고 있다. 하지만 이렇게 생각하는 사람은 인구학의 역사를 들여다봄으로써 그것이 잘못된 것이라는 것을 알게 될 것이다.

　인구학의 가장 중요한 학문적 지식의 근원은 맬서스의 『인구론』보다 50년 앞서 출판된 요한 페터 쥐스밀히의 저서(『신의 질서』, 제1판 : 1741년 베를린 출간, 제2판 : 1762년 출간)로 거슬러 올라간다. 이 책에 최초로 언급된 지식들은 그것이 발견된 시대 못지않게 오늘날에도 유효하고, 세상 사람들에게 필요한 '영원한 평화'*의 가능성과 필연성에 대한 임마뉴엘 칸트의 이념만큼이나 실제적이다.

　독일 고전주의 인구학과 19세기와 20세기의 인종주의적 인구론 사이에서 정신적 유대나 연계성의 흔적은 찾아볼 수 없다. 독일 고전주의 인구학의 특징은 보편적이고 인도주의적이며 기독교적인 원칙을 지녔다는 것이다. 19세기와 20세기의 인종주의적 인구학은 독일 고전주의 인구학의 전통을 이은 것이 아니라 오히려 붕괴시킨 것이다.

　인종주의적 인구론에서 인구학의 기원을 찾는 사람은 쥐스밀히의 인구론이 아니라, 맬서스의 인구론에서 정신적 뿌리를 찾는다. 그 정신적 뿌리는 바로 생존 능력에 따라 무자비하고 엄격하게 개개인을 선별하는 단순한 원칙이다. 이 원칙은 맬서스의 인구론과 그의 이론을 바탕으로 한 찰스 다윈의 진화론을 따르고 있다. 찰스 다윈은 생물학적 진화를 주장하고 수백만 년에 걸친 고등동물, 최종적으로 인류의 탄생을 설명했다.

　맬서스와 그가 창립한 정치경제 및 경제 자유주의 학파에 따르면, 이와 같은 원칙은 인간들 사이의 경제 관계에도 영향을 미쳤다. 무능하고 경쟁력이 없는 경제인들은 경제적 사건에서 방관자가 되거나 시장에서 완전히 배제되었다. 자유경제 이론가들의 관점에서 볼 때, 선별 원칙은 빠듯한 경제 재화를 경제적으로 이용하도록 자극하고 가장 효율적으로 분배하고 활용할 수 있도록 하며 생산성과

---

* 칸트의 평화론이 주장하는 것은 공화제 체제에 입각한 세계국가 아래서만 인류의 평화가 가능하다는 것이다. 칸트는 영원한 평화를 향한 인류의 노력을 도덕적 의무이자 이성적 필연성으로 파악했다.(옮긴이)

생활 수준을 지속적으로 향상시킨다.

맬서스의 정치경제론은 그의 인구론과 상당히 모순된다. 증가하는 생산성은 증가하는 인구와 연관 관계가 있기 때문이다. '식량 한계' 현상이 나타나는 시기는 계속 연기될 수 있기 때문에 사망률을 증가시켜 과잉 인구를 감소시킬 필요가 없었다. 오히려 맬서스의 경제 이론에 따르면, 인구의 증가와 경제 성장은 동시에 이루어질 수 있다. 훗날 신고전주의 경제론은 이러한 현상을 '균등 성장'이라고 했고, 인구 및 경제 역사상 실제로 그 예를 찾아볼 수 있다.

맬서스는 인구론과 경제론 사이의 모순을 알고 있었지만, 일종의 윤리 철학적 계급론을 내세워 그것을 덮어두었다. 카를 마르크스는 계급간의 분리와 대립의 원인을 경제 재화의 차별적 소유에서 찾았지만, 맬서스는 인간의 서로 다른 도덕적 특성과 능력에서 찾았다. 도덕적 계급론에 따르면, 가난해서가 아니라 도덕성이 부족해 '하층 계급'이 된 사람들은 자신의 성욕을 조절하여 생활 수준에 맞게 자식을 낳을 능력이 없다는 것이다. 그렇기 때문에 맬서스의 인구론에 따르면, 하층 계급은 경제적 상황을 개선하기 위해 출산율 감소가 아니라 출산율 증대 방법을 택한다. 출산율과 생활 수준 사이의 이와 같은 연관 관계 때문에 하층 계급은 '가난의 틀'에서 벗어나지 못하게 된다. 맬서스에 따르면, 가난 구제를 위한 사회정치적 개혁이나 최저 생계비를 넘는 임금 인상 대책은 오히려 그로 인해 하층민 인구가 증가하여 실패하게 된다.

쥐스밀히의 이론에 따르면, 출산율과 인구의 생활 수준 사이에는 맬서스가 주장하는 연관 관계가 아니라, 그와 상반되는 연관 관계가 존재한다. 맬서스와 쥐스밀히의 이러한 차이점은 사회적으로 파급 효과가 컸다. 쥐스밀히는 프로이센 지역의 출산율을 분석한 결과, 아이들의 수는 거주 지역의 크기에 따라 다르다고 말했다. 말하자면 도시화의 증대로 인구 성장률은 오히려 감소했다는 것이다.

그러나 맬서스의 이론과 달리, 쥐스밀히의 이론은 학문적으로 큰 관심을 끌지는 못했다. 단지 정치 분야나 정치에 의존하여 생존하는 사람들만이 관심을 가졌다. 맬서스와 달리 쥐스밀히는 가난한 계층의 복지를 위한 사회정치적 개혁을 주장했다. 쥐스밀히는 신생아와 아이들의 사망률을 줄이기 위해서 산파학교를 세웠고 보건복지기관을 설립하려고 애썼다. 그의 목표는 생명을 구하는 것이었고 인구 증가 제한과 선별이 왜 필요한지는 인구 이론을 통해서 설명하려고 하지 않았다.

어떤 인구 이론이든 사실을 바탕으로 학문적 기준에 맞춰 엄격하게 검증하지 않을 경우 위험을 초래할 수 있다. 맬서스는 자신의 이론을 확신했기 때문에, 1798년에 『인구론』 제1판을 출간할 당시 이러한 엄밀한 검증 작업을 하지 않았다. 그리고 1803년에 제2판을 냈을 때도 마찬가지였다. 자신의 이론을 반박할 수 있는 쥐스밀히의 저서에 나오는 데이터, 결과, 추론을 무시한 것은 충분히 비판받아 마땅하다.

지구상에 있는 많은 사람들처럼 모든 주제들은 서로 연관되어 있다. 이것이 '지구의 수용 능력'에 대해 쥐스밀히가 제기한 문제의 핵심을 이룬다. (지구의 수용 능력을 넘어선 인구가 지구에 살 경우) "······ 결코 인정하고 싶지 않지만 전쟁과 페스트가 자주 일어나야만 하는

지에 대해서는 논의가 필요하다. 지구상의 인구수와 정세에 대한 지식 없이는 이것에 대한 증거를 제시할 수 없기 때문에, 나는 지구상에 얼마나 많은 사람들이 동시에 살 수 있고, 현재 얼마나 많은 사람들이 살고 있는지 조사할 필요가 있었다. 또한 지구상에 살 수 있는 최대한의 인구수와 현재 살고 있는 인구수를 비교하여 인구 증가를 제한해야 하는지 판단하기 위해서도 조사가 필요했다." 조사 결과 "지구상에는 동시에 40억이 살 수 있으며 현재 10억이 살고 있다."

쥐스밀히는 프리드리히 2세 등극 후 제1차 슐레지엔 전쟁[*] 직전의 소란한 시기에 이 결과에 대한 분석을 서둘러 마무리 지었다. 그는 이 전쟁에 종군 목사로 참여했고, 나중에는 학자로서 활동한 것 이외에도 브란덴부르크 루터 교회의 감독교구장의 임무를 수행했다. 이런 지위 덕분에 쥐스밀히는 프로이센 교구의 교회서적들을 접할 기회를 얻었고, 이것을 자신의 인구통계 분석을 위한 평가 자료로 활용했다. 이를 토대로 1762년 전면 확대 개편한 제2차 판본에서는 초판에서 밝힌 '지구의 수용 능력' 추정치 40억을 140억이라고 수정했다.

---

[*] 슐레지엔 영유권 문제로 1740~1763년의 3차에 걸쳐 벌어진 오스트리아와 프로이센의 전쟁. 브란덴부르크 가(家)의 유언에 따라 제기되었던 슐레지엔 영유권 문제를 다시 부각시킨 프로이센의 프리드리히 2세는 1740년 12월 오스트리아의 슐레지엔 지역을 침공했다. 수개월에 걸친 오스트리아의 반격을 물리친 프리드리히 2세는 클라인 슈넬렌도르프 휴전협정(1741. 10. 9)을 통해 사실상 슐레지엔을 장악했다. 1741년 12월부터 이듬해 6월까지 계속된 전투에 이어 오스트리아의 여제(女帝) 마리아 테레지아는 프리드리히 2세와 강화(講和)하기로 결심하고 1742년 6월 11일 브레슬라우 조약을 통해 트로파우와 테셴 및 예게른도르프를 제외한 모든 슐레지엔 영토를 양보했다.(옮긴이)

유럽 학계의 반응은 예상 외로 긍정적이었다. 오늘날 연구의 글로벌화에는 미치지 못하겠지만, 당시 국가와 학문 분야의 경계를 넘어서 충분한 협조가 이루어지는 긴밀한 네트워크가 발전했다.

그러나 이러한 긍정적인 발전은 맬서스의 『인구론』의 출현과 함께 끝이 났다. 맬서스의 『인구론』에 따르면, 지구는 이미 수용 능력의 한계에 위험하리만치 가까이 다가갔기 때문에 더 이상의 인구 성장은 억제해야만 했다. 영국은 이런 목적에서 빈민 구호를 폐지했다.

맬서스 인구론이 각광받던 시대에는 맬서스 인구론과 상반되는 쥐스밀히의 이론은 무시되었다. 맬서스의 주장을 받아들인 다윈의 진화론은 승승장구하여 인구론과 그 기본 원칙인 적자생존을 증명해 보였다. 『인구론』의 기본이 되는 첫 장과 특히 중요한 18장은 진화론과 마찬가지로 사람들이 앞다투어 읽으려고 할 만큼 중요한 내용을 담고 있다. 다윈은 자신의 일지에 맬서스의 『인구론』을 읽으면서 일종의 깨달음을 얻었고 그것으로부터 진화론에 대한 영감을 얻었다고 썼다.

두 개의 이론은 마치 서로를 지지하는 듯했다. 인구론 역시 진화론의 영향을 받았다. 이러한 두 이론의 정신적 유대 관계(생물학적 혹은 사회적 선별이라는 공통된 기본 원칙의 핵심 역할) 때문에, 하나의 이론을 유지하면서 나머지 한 이론을 수정한다는 생각은 할 수가 없었다.

맬서스의 인구론과 다윈의 진화론이 만연하고 있을 때, 프랜시스 갤튼(Francis Galton)은 영국에서 1860년대에 우생학을 발전시켰다.

우생학이란 원하는 좋은 유전 형질을 가진 인간의 번식은 촉진하고 (긍정적 우생학) 그렇지 못한 형질을 가진 인간의 번식은 저지하는(부정적 우생학) 방법을 연구하는 학문이다. 이 시기 프랑스에서는 요제프 아르투르 고비노(Joseph-Arthur Gobineau, 1816~1882)* 백작이 '인종 불평등론', '아리안 족의 우월함'에 대한 이론을 1853년에 발표했다.

독일에서는 우생학 개념이 영국보다 수십 년 늦게 등장했지만, 민족사회주의자가 정권을 획득하기 훨씬 이전에 생물학적 인류학뿐만 아니라 사회과학 분야에서도 나타났다. 생물학적 우생학과 함께 사회학에서는 소위 '섭생법(攝生法)'*, '사회생물학'과 '사회위생학'이 등장했다. 1924년에 이미 이들 학문은 정치학 포켓사전에 인종 정책 관련 법률 및 국가 조치의 제안에서부터 활용까지 그 내용이 상세하게 기록되었다.

민족사회주의자들이 인종론을 내세워 수백만 명에 달하는 사람들의 처형을 정당화하던 당시, 이미 생물학적 인종주의 특성을 띤 민족사회주의가 강세를 보였기 때문에 우생학은 비운의 길로 들어섰다. 민족사회주의자들에게 맬서스의 인구론은 무엇인가 '결정적으로 옳은 것'을 인식하게 해주는 가르침이었다.

두 명의 고전 인구학자 쥐스밀히와 맬서스는 오늘날 우리가 말하

---

* 프랑스의 동양학자, 인류학자, 외교관, 소설가. 저서 『인종 불평등론 (Essai sur l'inegalite des races humaines)』(4권 1853~1855)에서 순수 민족만이 육체적 · 정신적으로 순수성을 유지할 수 있고, 그들에게 문화의 퇴폐 · 몰락은 없다고 했다. 그러한 민족으로 아리안 족, 특히 게르만 족을 들었다. 독일 나치스의 민족우월론은 이것에서 영향을 받았다고 한다.(옮긴이)
* 건강한 신체와 건전한 정신이 깃든 삶을 사는 방법.(옮긴이)

는 인구학자 그 이상이었다. 그들은 인구론을 보조 학문으로, 또 더 높은 목적을 달성하기 위한 증명 수단으로 고안해냈다.

맬서스는 『인구론』으로 모든 사회적 진보가 불가능하며 하층민의 생활 수준을 최저 생계비 이상으로 끌어올리려는 정치적 노력이 모두 헛되다는 것을 어느 누구도 반박하지 못하게 입증하려 했다. 쥐스밀히는 이와는 정반대의 목표를 추구했다. 그는 인구학 데이터를 통해 신의 존재에 대한 경험적 증거를 제시하려 했으며 사회 개혁의 가능성뿐만 아니라 필연성을 증명하고자 했다.

독일 인구학의 기원을 밝히기 위해서는 쥐스밀히의 이념을 인식하는 것이 중요하다. 쥐스밀히가 활약하던 시절 베를린에는 오늘날보다 더 많은 외국인이 살았다. 외국인 중에는 프랑스 출신의 위그노파(프랑스의 칼뱅주의자), 잘츠부르크 출신의 프로테스탄트, 유대인, 무슬림(인도의 회교도), 그리고 프리드리히 2세의 말처럼 모두 나름대로 축복받아야 할 사람들이 있었다.* 이들은 고위 시민 계층을 형성하는 데 중요한 역할을 했다.

오늘날 이민국인 독일에는 대부분 더 나은 사회체제로 이주하고자 제3세계로부터 온 사람들이 대부분인 반면, 쥐스밀히가 활약하던 시절 베를린에는 학식 있는 사람들, 유능한 수공업자, 기존 시민과 융합을 꾀하는 신흥 시민이 이주했다. 당시 베를린과 포츠담에 유럽의 정신적 엘리트들이 모여들었다. 프랑스의 백과전서파인 볼테르와 레온하르트 오일러(Leonhard Euler) 급의 학자들이 이러한 엘

---

* "모든 사람들은 나름대로 축복받아야 한다"라는 프리드리히 2세의 말을 인용한 것임.(옮긴이)

리트에 속한다. 이들 중 가장 능력 있는 사람들은 프로이센 아카데미의 회원들이었고 요한 페터 쥐스밀히도 여기에 속해 있었다. 쥐스밀히의 이민 정책에 대한 설명은 오늘날의 성찰만큼 현대적이고 철저하며 오늘날에도 찾아보기 힘든, 세대를 넘어서는 넓은 시각을 지니고 있다.

Die ausgefallene Generation ❙

4
세계 인구 증가의
종말

사람들은 '세계 인구'라는 주제를 놓고 수백 년 동안
성장 가속 문제를 중심으로 토론해왔고 21세기에도 여전히 그럴 것이다.
아마도 2070년쯤이면 인구 성장은 막을 내리고
세계 인구 감소라는 새로운 국면으로 접어들 것이다.

■ ■ ■

사람들은 '세계 인구'라는 주제를 놓고 수백 년 동안 성장 가속 문제를 중심으로 토론해왔고 21세기에도 여전히 그럴 것이다. 아마도 2070년쯤이면 인구 성장은 막을 내리고 세계 인구 감소라는 새로운 국면으로 접어들 것이다.

인류학에서는 선사시대 인구를 수십만 명으로 어림잡고 당시 인구 성장 속도는 아주 느렸을 것이라고 추정한다. 출생률과 사망률이 거의 같았기 때문에 이 둘의 차이, 즉 인구 성장률은 거의 제로에 가까웠을 것이다. 오늘날에는 예수 탄생 당시 지구의 인구를 2억~4억으로 추정한다. 그 후 1500년 동안 출생자수와 사망자수 사이의 천칭은 거의 균형을 이루어서 연간 인구 성장률은 거의 항상 제로를 유지했다. 30년 전쟁 시대에도 지구상의 인구는 5억밖에 안 되었다. 이는 오늘날 인도 인구의 절반밖에 안 되는 수치다. 세계 인구가 10억에 육박한 것은 1805년이다. 그 후 인구 증가는 급격한 가속도가 붙어 1926, 1927년에는 20억이 되었다. 2배가 되는 데 약

121년이 소요된 셈이다. 30억이 되는 데는 34년이 걸렸다(1960년). 시간 간격은 점점 짧아져서 1974년에 40억, 1987년에 50억, 1999년에 60억이 되었다.

근대에 들어와서도 인구 성장은 계속해서 가속화되었고, 유럽에서는 인구 성장 가속화가 20세기 중반까지 계속되었다. 사람들은 오늘날까지도 인구 성장 가속화가 마치 고정적인 인구 변동의 속성이라도 되는 것처럼 생각하는 것 같다. 사람들 대부분은 인구 증가가 고정금리에 따라 금액이 늘어나는 것과 유사하게 진행된다고 생각한다. 말하자면 복리 공식에 따라 수치가 늘어나거나 일련의 기하급수적 성장 형태로 증가한다고 생각하는 것이다. 통장에 있는 금액이 2배가 되는 데 걸리는 시간은 1%의 고정금리를 적용할 때는 70년, 2% 금리일 때는 35년, 3% 금리일 때는 23년, 4% 금리일 때는 18년이 걸린다.

1970년에 세계 인구의 연평균 성장률은 약 2%로 최고치를 기록했고, 지구상에는 37억의 인구가 살고 있었다. 다음 수치들은 1970년대에 왜 갑자기 제목에 '인구 폭발'이나 '인구 폭탄' 개념이 등장하는 책들이 대거 출판되었는지를 설명해줄 것이다. 1970년의 세계 인구 37억을 근간으로 하면 인구 성장률이 2%일 때 세계 인구는 35년 만에 2배가 된 것이다. 이런 공식에 따르면, 2005년에는 74억, 2040년에는 148억, 2075년에는 296억, 2110년에는 592억이 될 것이다.

이것은 아주 극적인 증가다. 성장률이 일정하게 유지되지 않고 1970년까지 300년 동안 그런 것처럼 성장률이 증가한다면 인구 증가는 훨씬 빠른 속도로 진행될 것이다. 하지만 1970년 이후부터 성장률은 지속적으로 감소해서 2005년까지 약 1.2%로 하락했다. 성장률이 1970년 수준으로 일정하게 유지되었다면 세계 인구는 2005년에 65억이 아니라 그보다 10억은 더 많았을 것이다.

성장의 가속화는 성장률의 증가, 즉 초기하급수적 성장이라 불리는 성장 과정 형태를 근간으로 한다. 초기하급수적 성장 형태는 산업화와 더불어 1750년과 1900년 사이에 성장률이 거의 2배가 된 유럽에서 처음 나타났다. 다른 대륙도 100년, 200년 후에 이러한 초기하급수적 성장 단계에 도달했다. 가속화 단계에 늦게 접어들수록 성장률은 더 높아져 최고에 다다랐다. 최고 성장률은 유럽이 1950년에 1%, 북아메리카가 1.8%(1955~1960), 아시아가 2.4%(1965~1970), 라틴아메리카가 2.8%(1960~1965), 아프리카가 에이즈에도 불구하고 2.9%(1980~1985)를 기록했다.

인구 변화는 출산과 이민자 이입이라는 2가지 인구 증가 요소와, 사망과 이민자 이출이라는 인구 감소 요소로 이루어진다. 조사 대상 지역이 좁을수록 출산과 사망보다 이민 이입과 이출의 영향을 더 크게 받는다. 오늘날 독일을 예로 들면 가장 작은 행정구역에서는 한 명이 출생할 때 다른 지역에서 전입한 사람이나 외국에서 이민 온 사람이 5~10명 정도 된다. 사망률과 이민 이출의 관계도 이와 비슷하다. 국가적 차원에서 볼 때도 연간 이민자수가 국내 연간 출생아수보다 많다.

더 넓게 대륙 차원에서 보면 이민의 비중은 비교적 경미한 편이고, 세계 전체로 보면 이민은 이론상 지구의 인구수에 영향을 미치지 않는다. 일반적으로 제3세계의 출산율은 제1세계의 출산율보다 높지만, 제3세계에서 제1세계로 이민을 왔다고 해서 그 사람들의 출산율이 제3세계에서와 같은 수준을 유지할 것이라고 기대하기는 힘들다. 즉 사람들은 어느 나라에 살고 있느냐에 따라서 출산 행위가 달라질 수 있기 때문에, 제3세계에서 제1세계로 이민이 증가한다고 해서 세계 인구의 출산율이 크게 증가하지는 않는다. 그 영향은 양적으로 보았을 때 별 의미가 없어서 정확한 통계를 내는 데에는 거의 계산되지도 않는다.

예수 탄생 후 1500년간 인구 증가가 주춤했던 이유는 사망률이 높았기 때문이다. 특히 영유아 사망률은 50%를 넘었다. 그 후 출산율은 동일한데 사망률이 감소해서 처음으로 인구 성장이 가속화되었다. 이러한 인구 성장 가속화는 출산율이 하락할 때까지 계속되었다. 인구 성장률은 1970년대 초까지 증가하다가, 1970년대 초부터 출산율이 사망률에 비해 급격히 하락해 이때부터 인구 성장률은 계속 줄어들었다. '인구학적 과도기'로 불리는 이런 현상은 세계 인구 전반에 걸쳐 나타났다. 이 현상은 몇몇 나라를 제외하고 대부분의 나라에서 나타났다.

세계 인구의 평균 출산율은 수십 년 동안 급감하고 있다. 여성 1인당 출생아수는 1950~1955년에 5명, 1985~1990년에 3.4명, 2000~2005년에 2.7명이다. 이 중에서 개발도상국은 여성 1인당 출생아수가 2.9명, 선진국의 경우는 1.6명이다.

사망률이 높은 국가일수록, 인구수가 늘지도 줄지도 않는 상태를 유지하려면 여성 1인당 2명 이상의 아이를 출산해야 한다. 여성 1인당 2명 이상을 출산해야 하는 경우 사망률만 중요한 것이 아니라, 신생아의 남녀 성비(性比)도 중요하다. 자연스런 남녀 성비는 남자 아이 106명에 여자아이 100명꼴이다. 특정 국가들, 특히 아시아의 경우 문화적으로 남아선호사상이 뿌리 깊게 박혀 있기 때문에 여아인 경우에는 의도적으로 낙태하여 남녀 성비는 더욱 차이가 난다. 예를 들어 중국은 첫아이의 경우 남녀 성비가 107 : 100이고, 둘째 아이의 경우는 162 : 100에 달한다. 첫아이가 여아인 경우 둘째 아이가 또다시 여아이면 낙태하는 사람이 많기 때문이다. 인구 변동에 영향을 미치는 것은 총 출생아수가 아니라 자라나는 여아의 수에 좌우되기 때문에, 현 상태를 유지하기 위해서는 여성 1인당 2명 이상의 자녀를 출산해야 한다. 세계 인구 전체를 놓고 볼 때 현 상태를 유지하려면 출산율이 여성 1인당 2.1명 혹은 2.2명 정도는 되어야 한다. 세계적으로 출산율 감소가 계속된다면 세계 인구는 30, 40년 후에는 현 상태와 같은 수치에 이르게 되고 그 다음에는 그보다 더 떨어질 수도 있다. 세계 인구는 지금까지의 출산율 감소 속도라면 2040년에는 현 상태를 유지하지 못할 것이다. 출산율 감소 속도가 가속화되면 2040년 이전에 이미 이러한 현상이 나타날 것이고 감소 속도가 느려진다면 2040년 이후에 나타날 것이다.

 2010년, 2020년, …… 2080년까지 현 상태의 세계 인구 수준을 그대로 유지하는 감소된 출산율을 계산하면 인구 감소 가속화에 따른 세계 인구를 계산할 수 있다. 여기서 중요한 것은 출산율이 현 상태를 유지하는 수준보다 떨어지기 시작한 그 해에 바로 세계 인구에 영향을 미치는 것이 아니라, 약 30년 뒤에 영향을 미친다는 것이다. 다시 말해, 현 상태를 유지한 뒤 약 30년이 지나고 나서 인구가 감소하기 시작한다는 것이다. 이렇게 인구 감소가 지연되는 이유를 살펴보면 다음과 같다. 어느 한해의 여성 1인당 출생아수가 감소하면 즉시 그 해나 그로부터 얼마 후까지는 아이를 가질 수 있는 가임기 여성의 수에는 특별히 영향을 미치지 않는다. 가임기(15~45세) 여성의 수는 앞으로의 출산율 변화와 관계없이 수억 명 더 늘어날 것이다. 이처럼 앞으로의 출산율 변화와 관계없이 가임기 여성의 수가 늘어나는 것은 과거의 높은 출산율과 출생아수 때문이다.

인구 성장이 활발하지 못한 것은 다음과 같은 산정 결과로 구체적으로 설명할 수 있다. 예를 들어, 50년 전부터 시작된 여성 1인당 세계 평균 출생아수의 감소가 조금 더 가속화되면, 인구 성장은 2010년까지는 현 상태를 유지하는 수준이겠지만 그 이후에는 현 상태 수준을 조금 밑돌 것이다. 그렇다고 2010년에 세계 인구 성장이 정체되고 그 이후에 쇠퇴기에 접어든다는 것이 아니라, 현재 65억을 기준으로 해서 볼 때 2050년이 되어야 79억 수준이 될 것이다. 여성 1인당 출산율 감소가 가속화되지 않고 이제까지의 속도를 유지하면서 점차적으로 감소 현상이 사라진다면, 세계 인구 성장은 2040년까지는 현 상태를 유지하는 수준이 될 것이고 그 이후에는 그보다 약간 밑돌아 2070년에는 최고 95억이 될 것이다. 전문 서적에 발표된 수많은 다양한 예측 가운데서 예를 하나 더 들어보자. 출산율이 2080년에 현 상태의 세계 인구를 유지하는 수준 이하로 떨어지게 된다면 2110년에 116억의 인구로 세계 인구 성장은 끝이 날 것이다(도표 1, 2 참조).

도표1 2000년과 2050년의 세계 인구 피라미드

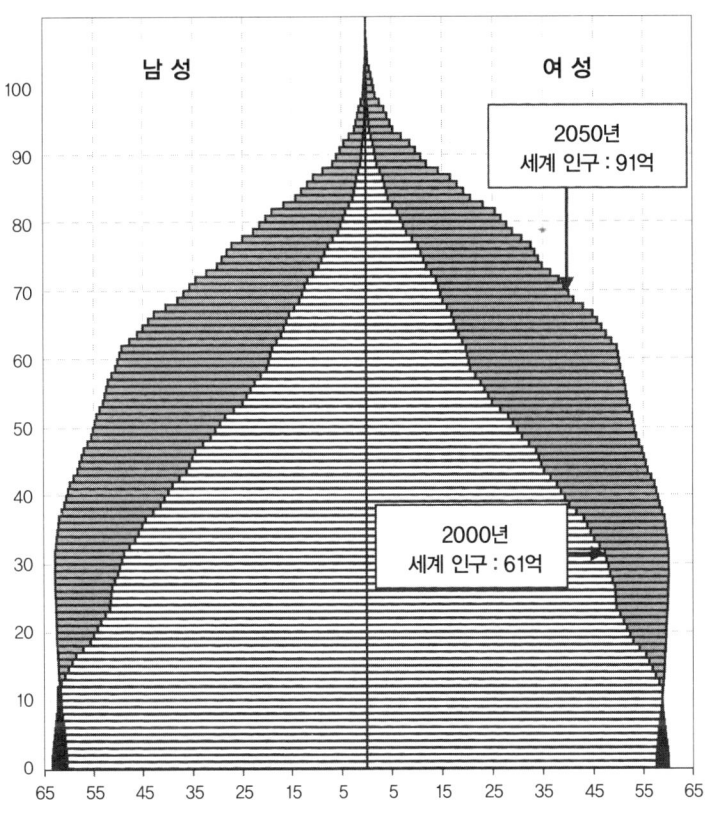

인구 단위 : 백만

출처 : 헤르비히 비르크, 빌레펠트 대학교, 2005년.
데이터 : 유엔, 세계 인구 전망, 2004년 개정판, 뉴욕 2005년, 중간 변수.

도표2 출산율 감소와 이에 따른 세계 인구 성장의 8가지 형태

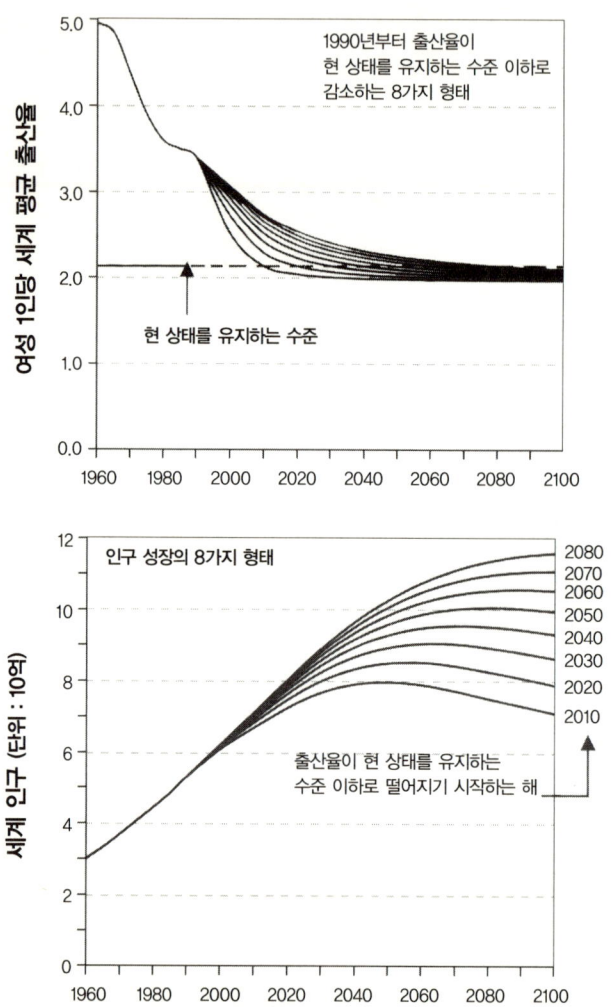

출처 및 데이터 : a) 1990~2100년 : 헤르비히 비르크, 21세기 세계 인구 추계, 프랑크푸르트 암 마인/ 뉴욕, 1995년.
b) 1960~1985년 : 불라타오(Bulatao), R. A. et al.(Eds.), 세계 인구 추계, 1989~1990년판, 장단기 예측.

이 결과는 평균 수명은 늘어나고 사망률은 줄어든다는 전제 하에 나온 것이다. 세계 인구는 항상 각 연령별로 혹은 5세 단위 연령 그룹별로 (그리고 성별로) 분류하여 예측하는데, 5세 단위 연령 그룹별로 분류하여 예측하는 경우는 서로 다른 사망 감소 추세를 고려해야 한다. 예를 들어, 대부분의 세계 인구 예측이 전제하는 것처럼 영유아 사망률이 세기 중반까지 50% 줄어드는 것이 아니라, 영국과 미국의 일부 맬서스 인구론 추종자들이 보건복지 측면의 원조를 철폐시켜 영유아 사망률을 50% 증가시키려 했던 것처럼 50% 갑자기 증가한다 할지라도 세계 인구 성장률은 정지되지 않고 단지 앞에서 제시한 수치(2050년의 79억 명, 2070년의 95억 명)에서 각각 3억 명씩 줄어들 것이다.

이것을 분석한 결론은 같은 비율의 출산율 변화가 같은 비율의 평균수명 연장보다 몇 배 더 세계 인구 성장률에 영향을 미친다는 것이다. 그렇기 때문에 에이즈로 인한 인구 성장 변화는 단지 에이즈가 만연한 아프리카 국가들(예를 들면 보츠와나와 서아프리카)에서만 나타나고, 이들 나라의 인구수는 감소할 것이다. 아프리카 전체를 보면 에이즈에도 불구하고 21세기 말까지 주목할 만한 인구 성장이 계속될 것이다(6장 참조).

세계 인구의 연간 성장은 1950년부터 1980년대 중반까지 연간 4,700만 명에서 8,700만 명으로 증가했다. 이후 2000~2005년까지는 7,700만 명으로 감소했다(도표 3). 연간 성장률이 가장 높은 나라는 인도(1,600만 명)이고, 중국(940만 명)이 그 뒤를 잇고 있다. 독일은 인도 같은 개발도상국의 연간 인구 증가율만큼 출산율이 감소하

도표3 1700~2000년 세계 인구 발전 및 2100년까지의 인구 추정

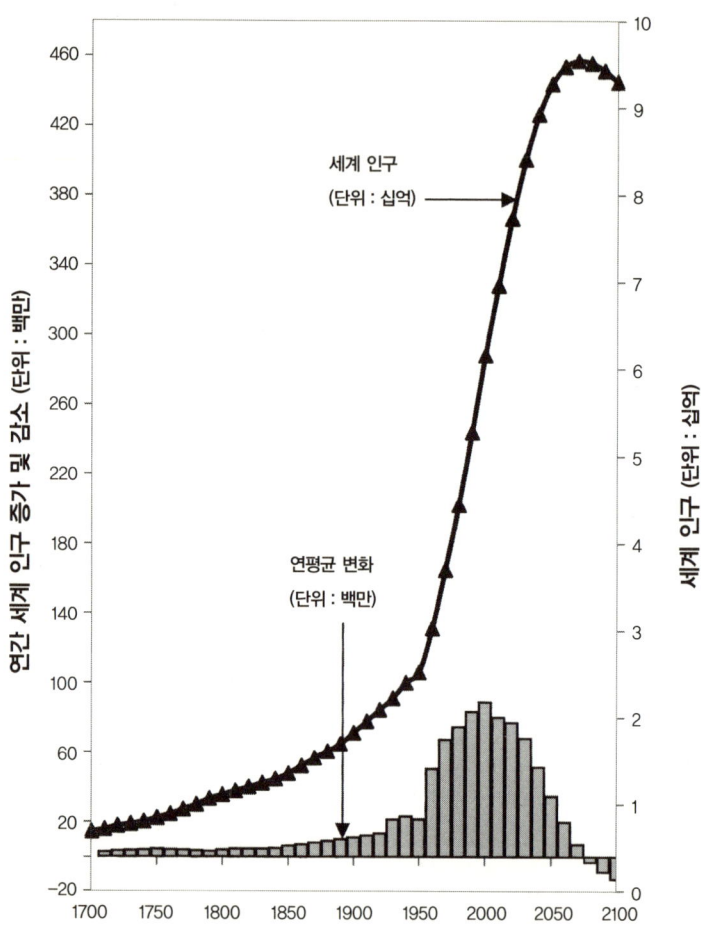

출처 : 헤르비히 비르크, 빌레펠트 대학교, 2005년.

데이터 : 1700~1990년 : 유엔, 세계 인구 전망 : 2004년 개정판, 뉴욕, 2005년.
2000~2100년 : 헤르비히 비르크, 21세기 세계 인구 추계, 프랑크푸르트 암 마인(캠퍼스 출판사) 및 뉴욕(성 마틴 출판부), 1995년, 343쪽.

여 2040년까지 인구가 감소할 것이다.

  개발도상국은 인구 성장에 따른 문제들로 고심하고 있고, 이와는 반대로 선진국은 인구 감소에 따른 문제들로 고심하고 있다. 왼발은 얼음물에 담그고 오른발은 뜨거운 물에 담근다고 서로 상쇄되어 편안함을 느낄 수 없듯이, 이런 상이한 문제들은 서로 상쇄되지 않는다. 다시 말해 독일과 기타 선진국의 인구 감소가 가난한 나라의 인구 성장을 부분적으로 상쇄하기 때문에 인구 문제를 낙관적으로 평가하는 것은 비현실적이다. 인구통계학적 비중이 서로 다르기 때문에 이런 상쇄는 거의 인식하기 어려울 정도로 미미하다.

Die ausgefallene Generation

5
독일 인구학 분야의
세계 기록

첫째, 독일은 낮은 출산율 때문에 인구 감소가 가장 먼저 시작된 나라이다.
둘째, 동일 연령대의 여성들을 조사한 결과
평생 아이를 낳지 않은 여성(남성)의 비율이 세계적으로 유례없이 높다.
약 3분의 1이 자녀 없이 사는 사람들이다.
셋째, 독일은 다른 선진국에 비해 감소된 출산율을 독일로 이민 온 사람들의
비교적 높은 출산율로 보충하는 비율이 점점 더 높아지고 있다.

■ ■ ■

세계 200여 개 국가 중에서 독일은 인구통계학상 3가지 세계 기록을 가지고 있다. 첫째, 독일은 낮은 출산율 때문에 인구 감소가 가장 먼저 시작된 나라이다. 구서독에서는 1972년에, 구동독에서는 1969년에 인구가 감소하기 시작했다.

둘째, 스페인이나 이탈리아와 마찬가지로 독일 여성의 출산율은 여성 1인당 약 1.2명이지만 독일 거주 이민자의 출산율은 1.9명이어서, 독일 전체 평균 출산율은 다른 나라들과 비슷하게 1.3명 혹은 1.4명이다. 그런데 독일이 출산율이 낮은 데는 특별한 이유가 있다. 같은 연령대의 여성들을 조사한 결과 평생 아이를 낳지 않은 여성(남성)의 비율이 세계적으로 유례없이 높다는 것이다. 약 3분의 1이 자녀 없이 사는 사람들이다.

셋째, 독일은 다른 선진국에 비해 감소된 출산율을 독일로 이민 온 사람들의 비교적 높은 출산율로 보충하는 비율이 점점 더 높아지고 있다. 동구권 붕괴 이후 동구권에서 독일로 이입되는 이민자들이 많았다. 하지만 독일은 그 이전부터 다른 국가들보다 몇 배나 많은 이민자들을 받아들였다. 1980년 국민 10만 명당 연간 이민자 수는 미국이 245명, 캐나다는 479명, 호주는 694명, 구서독은 1,022명이었다. 독일에서는 연간 평균 70만 명의 출생자와 약 80만 명의 이민자가 등록된다. 사망자수는 85만 명이고 이민자수는 60만 명이다. 독일은 이미 수십 년 동안 연간 자국 내 출생자수보다 이민자수가 더 많은 나라이다. 잘못된 정보와 무관심 때문에 독일은 이민자 수가 더 많다는 이유 하나로 다른 나라들보다 세계를 향해 더 많이 열려 있다는 잘못된 이미지를 갖게 되었다.

반세기 동안 거의 모든 나라에서 관찰된 현상이 있다. (바로 뒤를 잇는 여성 세대의 규모가 크기 때문에) 절대적 출생아수는 상승하는 데 비해, 여성 1인당 평균 출생아수가 줄어드는 현상이 바로 그것이다. 이 현상은 '인구경제학적 패러독스'라는 법칙으로 설명할 수 있다. '인구경제학적 패러독스'란 한 국가의 사회경제학적 발달 속도가 빠르고 수준이 높을수록 출산율은 낮아진다는 것이다. 전 세계 국가들은 긴 호송선단의 배들처럼 서로 낮은 출산율을 목표로 정한 듯 목표를 향해 모여들고 있다. 1980년대 출산율이 가장 낮았던 독일을 선두로 하여 중위권 국가들인 신흥 공업국들이 그 뒤를 따르고 있다. 그리고 여성 1인당 출생아수가 7~8명으로 최고 출산율을 보이는 앙골라나 나이제리아와 같은 최빈국들도 출산율 감소 현상을 보이고 있다.

선진국치고는 평균 이상의 출산율(여성 1인당 2명)을 자랑하는 미국은 예외다. 출산율이 다른 선진국에 비해 높은 것은 국가적 자부

심 때문이기도 하지만, 사회 안전망이 엉성하기 때문이기도 하다. 예를 들어 미국은 연금이 독일의 약 3분의 1 수준이다. 질병이나 다른 이유 때문에 자신의 수입으로는 민간 자금으로 운영되는 노인연금이나 의료보험에 가입할 능력이 안 되는 사람들은 자녀를 가지려고 한다. 그들이 응급 상황에 도움을 받을 수 있는 곳은 독일처럼 국가가 아니라 가족인 것이다.

세계적인 출산율 감소 추세가 마이너스 출산율을 보이기 전에 멈출 것인가? 세계 여성 1인당 출생아수가 스페인이나 이탈리아처럼 최저 1.2명에 머무를 것인가? 이탈리아 북부지역과 스페인 북부지역의 여성 1인당 출생아수는 0.8명인 것으로 기록되어 있고, 국가 전체 평균 출산율은 이보다 훨씬 더 떨어질 수도 있다. 게다가 라트비아(1.10명), 러시아(1.14명)나 우크라이나(1.15명)와 같은 동유럽 국가들의 출산율은 이미 남유럽보다 더 낮은 수준을 기록하고 있다.

다른 역사와 문화를 가진 국가들이 똑같이 출산율이 감소하는 방향으로 움직이고 있는 것을 어떻게 설명할 수 있겠는가? 더구나 각 국가들이 정책적으로 출산율 감소라는 공동의 목표를 세운 것도 아니다. 앞으로 몇몇 국가들이 출산율 감소 현상에서 벗어날 수 있을까? 출산율 감소 현상을 즉시 멈추게 할 수 있을까? 즉시 멈춘다면 출산율 감소 현상이 출산율 증가 현상으로 바뀔 것인가? 이런 질문들에 확실하게 답할 수는 없지만, 많은 사람들은 국제적 추세로 보아 출산율 감소가 당분간은 계속될 것이라는 데 입을 모으고 있다.

이런 질문에 대한 학문적 기준과 잣대에 부합하는 답을 찾으려면 출생률과 사망률의 개념을 근거로 변화 내용들을 서술하고 분석해야만 한다. 국민의 출산 행위('출산'이라는 개념에 집약되는 '생식 행위'의 모든 조건과 동기)가 변했는지를 묻는 질문은 단순히 출생아수의 증감만을 고찰함으로써 그 답을 찾을 수 있는 것은 아니다. 출생아수 감소는 출산 행위의 변화가 그 원인일 수도 있지만, 출산 행위가 변하지 않았다면 15~45세(가임기 연령) 여성의 수가 줄었다는 데 원인이 있거나 아니면 둘 다 원인이 될 수도 있다.

출생아수를 인구수로 나누면 인구수가 출생아수에 미치는 영향을 알 수 없다. 다시 말해 인구 1,000명당 출생아수를 나타내는 '조출생율'*은 출산율 감소의 원인을 추적하기에는 충분하지도 않고 정확하지도 않다. 예를 들어, 15~45세 여성들을 임의로 선정한 경우에는, 15세에서 45세까지 31단계의 연령층 분포에 따라 태어나는 아기의 수가 결정된다. 임의로 선정한 여성들 중에 출산율이 높은 연령층이 많다면(독일의 경우 출산율이 가장 높은 가임 연령은 30세이다) 여성의 수와 생식 행위가 동일하다는 조건 하에서 연간 출생아수는 많아진다.

31년 차이인 15~45세 여성들의 분포는 비교하는 해마다 다르고 국가마다 다르다. 그렇기 때문에 연령별로 정확히 1,000명을 대상으로 한다면 시기별이나 국가별 비교를 할 때 인위적으로 연령 분포를 같게 만들어야 한다. 이런 방법은 출산 행위의 변화를 설명하는 데 훨씬 더 적합하고, 연령구조에 따른 영향(선정된 1,000명의 연령

---

* 1년 동안 인구 1,000명당 태어난 아이가 얼마나 되는지 나타내주는 지표. 즉 1년간 태어난 출생아를 해당 연도의 연앙인구로 나눈 후 천분비로 표시한 지표.(옮긴이)

구조가 출생아수 계산에 미치는 영향)을 받지 않고 '여성 1인당 출생아수'를 계산해낼 수 있다. 우리는 이 수치를 '합계출산율(Total Fertility Rate, TFR)'이라 부른다.

이때 '합계'라는 개념은 15세에서 45세까지의 여성들이 한해에 출산한 아이들을 모두 고려한 것을 의미한다. 이때 한해에 태어난 아이들을 조사가 실시된 해에 살고 있는, 31개의 다양한 연령층으로 구성된 여성들이 낳은 것으로 간주한다. 간단해 보이는 통계학상 수치(여성 1인당 출생아수)는 여론조사를 통해서 산출되는 것이 아니다. 이 수치는 이제 15세, 16세, 20세, 30세가 된 여성들이 미래에 낳게 될 출생아수에 대한 예측까지도 포함한다. 예를 들면 조사 당시 25세였던 여성이 10년 뒤 35세가 되어 현재 35세 여성(1,000명당)이 낳는 만큼의 아이들을 낳는다고 가정하는 것이다. 이는 일부러 꾸민 것처럼 들릴지도 모르지만 실제로 그렇기도 하다. 하지만 한 해 한 나라의 출산율(여성 1인당 출생아수로 측정)을 계산하기 위한 더 간단한 방법은 없다.

조사 연도나 주를 달리해서 비교하는 것이 아니라, 나이별로 여성들을 비교하면 연령구조의 차이를 알 수 있다. 전문 서적에서는 같은 해에 태어난 여성들을 '코호트(Cohort)'[*]라고 하며, 같은 해에 태어난 여성 1인당 출생아수를 여성 1인당 코호트 출산율(Completed Fertility Rate 또는 Cohort Rate of Fertility, CFR)이라고 한다. 순수한 출산 행위의 영향력을 측정하기 위해서는 여러 연령층의 출생년도가 같

---

[*] 동일한 통계 인자를 가진 집단(같은 시점에 같은 사건을 경험한 집단)을 의미한다.(옮긴이)

표1 독일에서 같은 해에 태어난 여성들의 출생아수

1860년생	여성 1인당 5.0명
1874년생	여성 1인당 4.0명
1881년생	여성 1인당 3.0명
1904년생	여성 1인당 2.0명
1920년생	여성 1인당 1.9명
1932년생	여성 1인당 2.2명
1965년생	여성 1인당 1.5명

출처 : 헤르비히 비르크, 『인구학의 시대 변천』, 뮌헨 2005년, 51쪽.

은 여성 1인당 출생아수를 계산할 때에도 시간이 흐르면서 바뀌는 연령구조의 영향을 인위적으로 차단해야 한다.

독일에서 150년 동안 각각 같은 해에 태어난 여성들의 출산율을 조사한 결과(1932년에 태어난 여성들은 제외), 해가 갈수록 여성 1인당 출생아수가 점점 더 줄어들었다(표 1).

마지막으로 제시된 1965년생 여성들은 가임 능력이 아직 남아 있는 시점에서 조사한 것이다. 하지만 예를 들어 35세 이상의 여성들이 낳는 자녀수는 한해 태어나는 전체 자녀수의 15% 미만이기 때문에, 15세에서 45세까지의 여성들을 모두 조사하기 전에 예상 출생아수를 예측할 수는 있다.

시기적으로 차이는 있지만 한해에 계산된 여성 1인당 출생아수와 같은 연도에 태어난 여성들의 출생아수를 비교할 수 있다. 해마다

비교를 하면 여성 1인당 출생아수는 아이들이 태어난 연도와 관련이 있고, 같은 연도에 태어난 여성들의 출생아수를 비교하면 어머니들의 출생년도와 관련이 있다. 2가지 비교 기준이 다르기는 하지만 다음 방법으로 2가지 비교 기준을 동일한 그래프에 나타내서 비교할 수 있다.

15세에서 45세까지 31개 연령층이 있으며, 이 31개 연령층에 분포된 자녀수를 각각의 연도에 대입시킬 수 있다. 이때 자녀를 가장 많이 출산한 연도를 선택한다. 이렇게 되면 출생년도가 같은 여성들의 출산율(CFR)을 한해의 출산율(TFR)과 마찬가지로 동일한 그래프에 나타낼 수 있다. 〈도표 4〉의 두 개 곡선을 비교해보면 같은 해에 태어난 여성 1인당 출생아수가 1860년부터 이미 감소하고 있음을 알 수 있다. 이외에도 눈에 띄는 것은, 산출된 합계출산율(TFR)이 세계대전과 1932년 세계경제공황과 같은 역사적 사건들의 영향을 받아, 이런 사건들 때문에 출산을 유예시키다가 나중에 출산을 한, 같은 해에 태어난 여성들의 출산율 곡선보다 훨씬 더 불규칙한 양상을 보인다는 점이다.

두 개의 곡선은 공통적으로 뚜렷한 감소 경향을 보인다. 이것은 독일에서 19세기 말에 연령구조의 변화 때문에 출산이 감소한 것이 아니라, 출산에 대한 여성의 생각이 변해서 출산이 감소하기 시작했다는 것을 의미한다. 여성의 수, 특히 가임 연령인 15~45세 여성의 수와 가임 여성의 연령층 분포를 고려하여 매년 출생아수를 계산할 수 있다. 연간 출생아수는 〈도표 5〉에 연간 인구수와 함께 표시되어 있다. 이것을 보면 19세기 말까지 출생아수와 인구수가 동

도표4 1890~2000년 독일제국과 독일의 지속적인 출산율 감소 추세

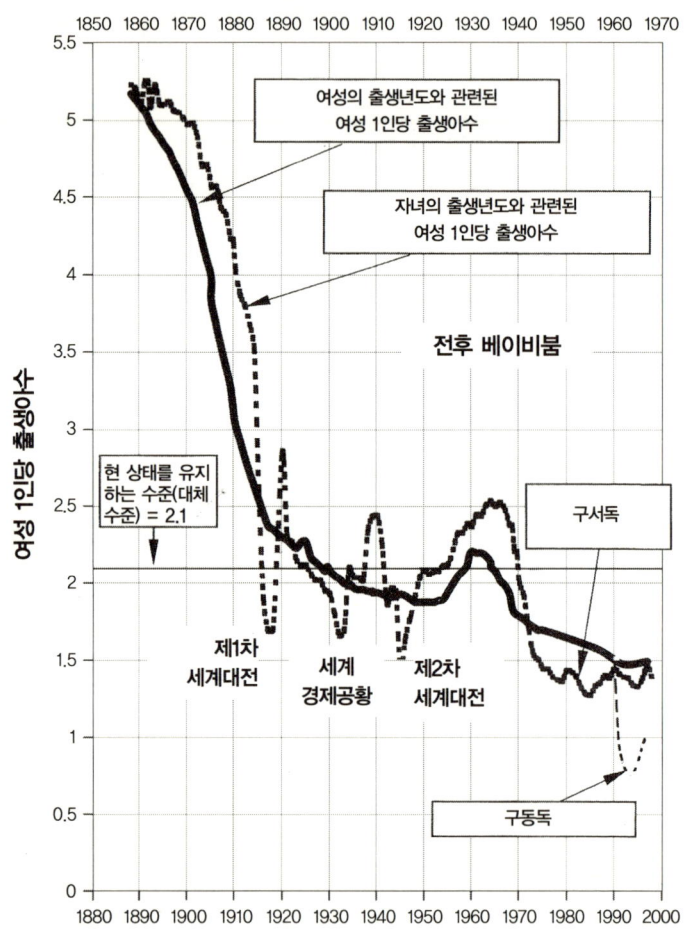

출처 및 데이터 : 헤르비히 비르크, 『인구학의 시대 변천』, 제4판, 뮌헨 2005년, 51쪽, 각주 16.

도표 5 2100년까지의 추정치를 포함한 1841년 이후 독일 인구수 및 출생아수

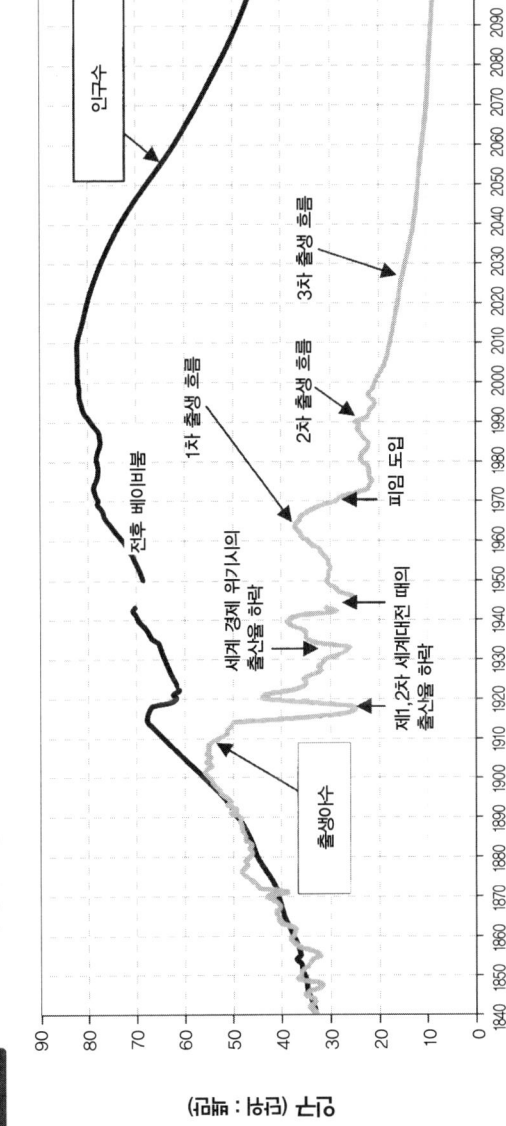

* 1841~1999년은 매해 12월 31일 기준, 2000~2100년은 매해 평균 인구.
** 1841~1943년은 독일제국 영토, 1946~1990년은 독일 전체 대상(동서독 모두 포함).

출처 : 헤르비히 비르크, 발레펠트 대학교, 2005년.

데이터 : 1841~1999년은 연방 통계청 데이터, 2000~2100년은 헤르비히 비르크/E.-J. 플리트만, 2000년 연금 개혁을 위한 통계학상의 인구 추산, IBS 자료, 47A 권, 빌레펠트 대학교, 2001년(수정판 5).

독일 인구학 분야의 세계 기록 63

일한 속도로 성장하는 추세를 보였다는 것을 알 수 있다. 출생아수는 19세기 말 비스마르크가 실시한 공동 연금보험의 도입과 거의 때를 같이하여 하락하기 시작한다. 이 감소 추세는 20세기 전반에 걸쳐 나타났고 21세기에도 지속되고 있다.

1980년대 독일은 세계에서 가장 낮은 출산율을 보였고, 1990년대 이후에는 스페인과 이탈리아 같은 남유럽 국가와 동유럽 국가들도 이와 유사한 양상을 보였다. 독일을 스페인과 이탈리아에 비교할 때는 독일의 이민자 비율이 이탈리아와 스페인의 몇 배에 해당한다는 것을 고려해야 한다. 2000~2005년에 여성 1인당 출생아수는 독일 이민자 여성의 경우 1.9명 정도로 추정되고, 순수 독일 여성의 경우 1.2~1.3명 정도이다. 그렇기 때문에 독일 전체로 볼 때 평균 수치는 순수 독일 여성의 평균 출생아수보다 많은 1.37명이다. 독일은 스페인과 이탈리아에 비해 이민자 비율이 훨씬 더 높기 때문에 스페인(1.15명)과 이탈리아(1.23명)보다 평균 수치가 더 높다. 이민자를 제외한 독일의 출산율을 스페인이나 이탈리아의 출산율과 비교해보면, 독일은 룩셈부르크 다음으로 출산 장려 정책에 많은 돈을 지출하는 반면, 이탈리아는 출산 장려 정책에 신경을 거의 쓰지 않는데도 독일과 비슷한 출산율을 유지하고 있다는 것을 알게 될 것이다. 독일이 이탈리아처럼 자녀와 관련된 복지정책에 거의 신경을 쓰지 않는다면, 독일은 아마 이탈리아나 스페인보다 더 낮은 출산율을 기록할 것이다.

과거 동구권이었던 중부 유럽 및 동부 유럽 국가들의 여성 1인당 출산율은 남부 유럽보다 훨씬 더 낮은 상태였다. 유엔 인구처의 자

표2 세계적으로 출산율이 가장 낮은 국가들

	2000~2005년 여성 1인당 출생아수
1. 중국, 마카오 특별행정구	0.84
2. 중국, 홍콩 특별행정구	0.94
3. 우크라이나	1.12
4. 체코 공화국	1.17
5. 슬로바키아 공화국	1.20
6. 슬로베니아 공화국	1.22
7. 한국	1.23
8. 몰도바	1.23
9. 불가리아	1.24
10. 벨로루시	1.24
독일과 비교 (2002)	1.34

출처 : 유엔(2005).

료에 따르면, 이들 국가 중 몇몇 국가는 세계적으로 출산율이 가장 낮은 국가들에 속하며, 출산율이 현 상태를 유지할 수 있는 수준인 국가들은 거의 절반 정도이다(표 2).

이민자를 제외한 상태에서 인구가 감소하는지, 일정하게 유지되는지, 아니면 성장하는지는 출생아수 외에도 사망자수에 의해서도 좌우된다. 같은 상황에서 해당 국가의 인구 연령이 고령이면 사망자수가 많다. 출산율을 비교할 때와 마찬가지로 사망률을 비교할 때도 연령구조가 사망자수에 미치는 영향은 순수한 사망률에 미치는

표3 세계적으로 출산율이 가장 높은 국가들

	2000~2005년 여성 1인당 출생아수
1. 나이지리아	7.91
2. 티모르	7.79
3. 아프가니스탄	7.48
4. 기니비사우	7.10
5. 우간다	7.10
6. 말리	6.92
7. 부룬디	6.80
8. 리베리아	6.80
9. 앙골라	6.75
10. 콩고	6.70

출처 : 유엔(2005).

영향과 구분되어야 하며 적절한 측정 과정을 통해 걸러져야 한다.

　연령구조가 사망률에 미치는 영향이 얼마나 중요한지 다음 예를 보면 알 수 있다. 독일의 사망률(앞으로 1년 이내에 사망할 가능성)을 보면, 70세 여성의 사망률이 20세 여성의 사망률보다 50배나 높다. 70세 여성이 많고 20세 여성이 적다면 그 반대의 경우보다 사망자수는 훨씬 더 많아진다. 이때 전제 조건은 순수 사망률이 같아야 하고 두 경우(70세가 많고 20세가 적은 경우와 20세가 많고 70세가 적은 경우) 여성의 총수는 같아야 한다.

　여러 국가에서 서로 다른 연령구조의 영향을 받지 않으면서 순수

표 4 세계적으로 평균 수명이 높은 국가들

	2000~2005년에 출생한 출생아의 평균 수명*
1. 일본	81.9
2. 중국, 홍콩 특별행정구	81.5
3. 아일랜드	80.6
4. 스위스	80.4
5. 호주	80.2
6. 스웨덴	80.1
7. 이탈리아	80.0
8. 중국, 마카오 특별행정구	80.0
9. 캐나다	79.9
10. 이스라엘	79.6
독일과 비교	78.3

* 남녀 평균.
출처: 유엔(2005).

 사망률을 측정하기 위해서는 출산율을 비교할 때처럼 인위적으로 연령 분포를 같게 만들어야 한다. 이렇게 해서 얻은 사망률은 평균 수명의 척도가 된다. 이때 평균 수명은 신생아의 경우 평균적으로 삶이 지속되는 기간(0세의 평균 수명)이고, 이미 나이를 먹은 사람들에게는 앞으로 더 살 수 있는 남아 있는 수명을 의미한다.
 낮은 출산율은 한해에 태어나는 출생아수를 점점 감소시키고 평균 연령을 높아지게 만든다. 그 결과 세계적으로 평균 수명이 늘어

| 표5 | 세계적으로 평균 수명이 낮은 국가들 |

	2000~2005년에 출생한 출생아의 평균 수명*
1. 스와질란드	32.9
2. 보츠와나	36.6
3. 레소토	36.7
4. 짐바브웨	37.2
5. 잠비아	37.4
6. 중앙아프리카 공화국	39.4
7. 말라위	39.6
8. 시에라 레오네	40.6
9. 앙골라	40.7
10. 모잠비크	41.9
전 세계	64.7

* 남녀 평균.
출처 : 유엔(2005).

남에도 불구하고 사망자수는 많아진다. 이로 인해 출생과 사망의 균형, 즉 자연적인 인구 성장률은 점점 줄어들어 결국 쇠퇴 단계로 접어든다. 아직 태어나지 않은 아이들이 20년, 30년 후에 아이를 갖게 되는 부모 입장이 되었을 때 그 수가 부족하기 때문에 출산율이 감소하여 인구 감소 과정이 계속된다. 출산율이 변하지 않으면, 인구 감소 현상을 겪고 있는 나라들은 역설적이게도 모든 것이 변하게 될 것이다. 인구 성장의 중요한 요소들은 인구 감소에는 전혀 반대 영향을 미친다. 그래서 '비약', '둔화', '인구 감소의 자체 활력'이라는 말들을 한다. 독일은 30년 전부터 인구 감소 단계에 접어들었다.

인구 감소는 출산율이 낮고, 현 상태를 유지하는 수준이 오래 지속될수록 더 심하다. 이 때문에 인구 감소가 가장 심한 나라들의 순위는 시간이 지나면서 변한다. 유엔 인구처에 따르면, 오늘날에는 예전의 동구권 국가에서 인구 감소가 심하게 나타나고 있다. 우크라이나, 러시아, 폴란드, 헝가리 등이 여기에 속한다. 앞으로 독일은 출산율 감소로 인한 인구 감소가 가장 심한 나라가 될 것이다. 독일 국적을 가진 순수 독일 인구는 출생아 부족으로 감소하고, 반면에 이민자들은 과잉 출산과 계속된 이민 때문에 그 수가 늘어나고 있다.

지난 수십 년과 마찬가지로 독일의 여성 1인당 출생아수가 1.2~1.3명으로 일정하게 유지된다면, 출생아 부족은 2000~2005년에는 연간 21만 5,000명에 달하고 2045~2050년에는 연간 72만 명으로 늘어날 것이며, 순수 독일 인구의 연간 감소율은 -0.29%에서 -1% 혹은 그 이상으로 증가할 것이다. 이때 순수 독일 인구의 감소율(-0.29%)은 총인구의 감소율(-0.19%)보다 높은데, 이것은 총인구에 늘어나는 이민자 집단이 포함되었기 때문이다.

Die ausgefallene Generation ❙

6
세계 인구 추정:
신뢰도 및 주요 결과

세계 인구는 인구가 감소하는 소수 선진국 집단의 인구와
인구가 증가하는 대다수 국가들의 인구로 나뉜다.
이 때문에 세계 인구는 인구 균형과는 점점 더 거리가 멀어진다.
유엔의 장기적인 모형 계산에 따르면,
이런 분리 현상은 21세기 후반에도 계속될 것이다.

미국 뉴욕에 위치한 유엔 인구처의 인구통계학연구소는 1950년 이후 총 19차례에 걸쳐 세계 인구를 추정했다. 1951년에 처음으로 세계 인구를 추정했고 가장 최근에는 2005년 초에 세계 인구를 추정했다. 1951년, 1954년, 1957년 세 차례에 걸친 세계 인구 추정에서 1980년도 세계 인구수 추정을 비교해보면, 1980년 실제 인구수 (44억 3,000명)와 1951년 첫 번째 추정치 사이의 오차는 비교적 큰 편이었고, 23년 후를 예측한 1957년 세 번째 추정치 사이의 오차는 5%였다.

　　네 번째, 다섯 번째 세계 인구 추정이 계속되는 과정에서 추정 대상 연도와의 연도 차이가 줄어들면서 오차가 줄어들기는 했지만, 정확도가 증가한 결정적인 이유는, 1950년 이전의 데이터베이스들과 달리 이후 시간이 지나면서 인구 추정을 위한 데이터베이스가 계속 개선되었기 때문이다. 신뢰할 만한 인구 통계를 내놓는 나라는 세계 200여 개 나라 가운데 극소수이며, 게다가 많은 개발도상국들은 정확한 인구수는 고사하고 아직까지도 출생과 사망마저도 모두 신고하지 않고 있는 실정이다.

따라서 인구 추정 분야에서 유엔의 주요 과제는 인구 추정에 근간이 될 수 있도록, 무작위 추출 검사와 사람이 사는 지역의 인구 밀도를 알기 위해 항공 촬영을 하는 것에 이르기까지 모든 종류의 방법을 동원해서 가능한 한 정확한 데이터베이스를 확보하는 것이다.

독일과 달리 인도네시아는 인구조사를 실시하고 있지만, 데이터의 질이 떨어지기 때문에, 학문적으로 분석하고 명백한 오류들을 예측하는 데 데이터를 이용하기 전에 수정이 필요하다. 인도네시아 사람들은 생일 파티도 하지 않고 나이에 별다른 의미를 두지 않기 때문에, 인도네시아가 제시하는 연령에 관한 자료들은 활용 가치가 없다. 몇 십 년 전만 해도 이곳 사람들은 자신이 언제 태어났는지도 정확히 모르고 있었다. 나이를 물으면 행운의 숫자를 말하고 불행을 가져온다고 여기는 숫자는 기피했다. 이는 그들의 종교적·문화적 사고 방식에서 비롯된 것이다. 이로 인해 특정 연령층은 과소평가되고 다른 연령층은 과대평가된 인구 피라미드 현상이 나타난다.

지금까지 19차례에 걸쳐 실시된 세계 인구 추정에서 세계 몇몇 나라의 경우, 인구 추정에 필요한 과거의 데이터와 인구 추정이 시작되는 연도의 데이터는 점점 더 정확하게 산출되었다. 게다가 인구 추정의 방법도 계속 개선되었다. 추정이 시작되는 해의 인구수가 수정되면 추정 결과도 바뀌기 때문에, 실제 인구수와 추정된 인구수의 오차는 전적으로 예측 오차라고 볼 수 없다.

전체적으로 볼 때 정확도는 계속 향상되었다. 1957년에 실시된

2000년도 세계 인구 추정 결과는 62억 8,000만 명이었다. 유엔의 집계에 따르면, 오늘날 실제 인구수는 60억 7,000만 명이다. 실제 인구수에 대한 추정치의 오차율은 3.5%에 달한다. 하지만 1980년대와 1990년대에 유엔 인구처는 믿을 수 없는 인구 통계를 제출하는 개발도상국가의 1950년까지의 인구수를 수차례에 걸쳐 수정했기 때문에, 수정된 통계를 사용했다면 예측 오차는 더 낮았을 것이다. 이 과정에서 수많은 개발도상국의 출산율은 하향 조정되었는데, 이 수치는 1957년에 추정한 것보다 더 낮았다. 1957년의 인구 추정이 나중에 수정된 데이터베이스를 근간으로 해서 이루어졌다면 실제 인구수에 더 근접했을 것이고, 예측 오차율도 아마 1.5% 내지 2% 정도였을 것이다.

과거의 데이터와 인구 추정이 실시되는 해의 데이터가 수정되고 추정 방법도 점점 개선되면서, 여섯 차례에 걸쳐 실시된 2050년도 인구 추정의 결과들도 서로 차이를 보였다. 예를 들어, 1994년에 열네 번째 실시된 2050년도 인구 추정 결과는 98억 3,000만 명이었고 가장 최근인 2005년 초에 실시된 2050년도 인구 추정 결과는 90억 8,000만 명이었다. 2005년의 결과는 1994년의 결과보다는 7억 5,000만 명이 적지만, 2002년에 실시한 열여덟 번째 인구 추정 결과(89억 2,000만 명)보다는 1억 6,000만 명이 많다. 이렇게 차이가 나는 주된 원인은 만연하고 있는 에이즈의 영향을 서로 다르게 고려했기 때문이다.

세계에서 에이즈 감염 문제가 가장 심각한 60개 국가(이 가운데 40개국이 아프리카에 있고, 12개국이 중남미 아메리카에 있으며, 5개국이 아시아에 있다)에 대해서 2가지 변수로, 즉 에이즈를 고려하거나 고려하지 않고 각각 계산한 것이다. 가장 최신 정보에 따르면, 2가지 변수에 따라 계산한 2050년도 인구 추정에서 60개 국가들의 차이를 모두 합치면 총 3억 4,400만 명에 이른다. 이 가운데 2억 6,600만 명은 아프리카 국가들에 해당하고, 6,200만 명은 아시아 국가, 700만 명은 중남미 국가에 해당한다. 하지만 20세기 중반까지 세계 인구 증가는 에이즈 때문에 중단되지 않을 것이고, 더욱이 에이즈가 가장 심각한 나라들에서도 인구 성장은 멈추지 않을 것이다. 아프리카의 경우 2005년에서 2050년까지 인구가 9억 6,000만 명에서 19억 3,700만 명으로 늘어날 것으로 예상된다. 만약 에이즈를 고려하지 않으면 2050년의 아프리카 인구수는 2억 6,600만 명이 더 늘어날 것이고, 에이즈가 심각한 60개 국가를 전체로 놓고 보았을 때는 3억 4,400만 명이 더 늘어날 것이다. 에이즈 영향을 고려했을 때와 고려하지 않았을 때의 차이는 아프리카가 14%로 가장 큰 차이를 보이고, 60개 국가를 전체로 보았을 때는 그 차이가 5.8%에 달한다.

하지만 에이즈 감염 문제가 심각한 해당 국가들의 평균치가 남아프리카공화국, 보츠와나, 짐바브웨와 같은 국가에는 해당되지 않는다. 짐바브웨와 남아프리카공화국에서는 전 국민의 4분의 1 정도가 에이즈 감염자이고, 보츠와나의 경우는 전 국민의 3분의 1이 에이즈 감염자이다. 보츠와나의 경우 급격한 인구 성장은 이미 끝이 나서 인구 감소 단계가 진행 중이다. 나머지 두 나라도 가까운 미래에 인구 감소 단계로 접어들 것이다.

에이즈와 같은 신종 전염병이 발생하거나 유성이 덮치면 모든 인구 추정은 허사가 되기 때문에 미래를 예측할 수 없다고 주장한다면 그것은 당연히 옳다. 하지만 이런 종류의 극단적인 사건이 일어나지 않는다면? 학문적 예측은 예기치 못한 사건들이 발생하는 것까지 예측할 수는 없다. 그럼에도 불구하고 이런 학문적 예측이 매우 유용한 것은, 예외적인 경우를 예측하는 것이 아니라 바로 일반적인 경우를 예측하는 것이기 때문이다. 비가 올 것 같은 짙은 구름이 끼었는데, 날씨를 예측할 수 없다는 이유로 산책을 나서면서 우산을 가져가지 않은 사람이 결국 비가 와서 비에 젖는다면, 평범한 진리를 따르지 않은 것이므로 동정을 받기 힘들다.

임의적 통계가 아니라 전문적인 인구 통계로 도출한 신뢰성 있는 예측들은 미래에 대해 전제 조건의 형태(…이라면 …이다.)를 취하지만, 그런 전제 조건 하에 대형 참사나 기적 같은 경우는 제외시킨다. 이는 같은 별을 보면서 천문학자가 하는 말과 점성술사가 하는 말이 서로 다른 것과 같다. 인구학 전문가는 항상 미래의 출산율을 계산하기 위해 문서화된 정확한 수치들을 활용하고, 나아가 이민 이입자와 이출자의 수와 연령구조 및 평균 수명(0세에서 110세까지의 각 연령층에 따른 사망률)을 근거로 해서 인구를 추정한다. 이렇게 예측한 수치들이 실제와 정확히 일치하거나 근사하다면, 인구 추정도 정확하거나 근사하게 맞아떨어진다. 따라서 인구 추정의 수준은 활용하는 수치들의 수준과 일치한다.

여러 관련 학문에서 인구를 추정할 때 방법상의 세부 사항들을 제외하면 추정하는 과정은 이와 동일하다. 인구를 추정할 때는 추정 시작 연도를 근간으로 각각의 연령 집단을 나누어서 사망과 출생, 이민 이입과 이출로 인해 인구가 첫 번째 예측 연도에는 얼마나 변하는지 조사한다. 이 결과는 두 번째 예측 연도의 인구 추정에 기반이 되고 두 번째 결과는 세 번째 예측 연도의 인구 추정에 기반이 되며, 이러한 과정이 목표로 설정된 추정 연도까지 계속된다. 다시 말하면 우리가 2050년의 인구를 추정하기로 한다면, 추정 시작 연도를 현재 2005년으로 잡고 2050년까지 45단계의 계산이 필요하다는 것이다. 이들 각 단계에서 출생률·사망률·이민율 수치를 조정한다. 총체적인 인구 추정 결과는 근간으로 삼는 예측 수치에 의해 결정된다.

이러한 인구 추정은 학문적으로 인구 변화를 추정하는 것보다 더 신뢰도가 높다. 왜냐하면 미래의 인구수는 일차적으로 인구 피라미드 안의 다양한 연령 집단의 규모에 의해 좌우되고, 변할 수 있는 인간 행동의 요소는 이차적이기 때문이다. 하지만 변화하는 행동양식 역시 분석해야 하고 이때 확인된 행동 변화의 방향은 미래 인구를 추정할 때 고려해야 한다. 인구를 추정할 때 연령구조의 지배적 영향과 행동양식의 영향은 거의 확실하게 예측 가능한 계절의 변화(연령구조의 지배적 영향)와 단기간의 날씨 예측(행동양식의 영향)에 비유할 수 있다. 가을 다음에 겨울이 온다면 몇 달 후의 기온에 대한 예측은 몇 주 후의 기온에 대한 예측보다 더 정확할 수 있다. 다른 나라에서 전혀 예측하지 못한 전쟁이 발발하여 독일로 오는 이민자 수가 늘어나는 것은, 일기 예보에서 전혀 예상치도 못한 기온 변화와 같다고 할 수 있다.

인구 예측은 인구 추정의 목적에 따라 '인구 추계'와 '모형 계산'

으로 나뉜다. 인구를 추정할 때는 예측이 적중할 가능성이 최대가 되고 그 오차가 가능한 한 최소가 되는 예측 수치를 사용하려고 한다. 인구 추계의 목적은 단순하다. 인구 추계는 아주 정확하게 인구를 추정하는 것이 아니라 예측 기간의 간격을 두고 예측한 수치에서 중간값을 계산하는 것이 목적이다. 대부분의 인구 추정, 연방 통계청의 인구 추정이 이 경우에 해당하며, 필자의 인구 추정도 마찬가지로 이 경우에 해당한다.

이에 비해, 해당 전제 조건들이 개연성이 있는지 여부는 전혀 고려하지 않고 단지 상이한 출산율, 평균 수명, 이민으로 인한 인구 변화 상황을 조사하여 인구를 추정하는 것을 '모형 계산'이라고 한다. 이것은 변수의 변화가 결과에 미치는 영향을 분석하는 물리적 실험과 유사하다.

유엔 인구처의 세계 약 200개 국가에 대한 '인구 전망'은 특별한 경우이다. 이때 사용한 전제 조건들은 실제보다도 더 긍정적인 것들이었다. 예를 들면 개발도상국의 출산율 급감 내지 선진국의 출산율 상승을 전제 조건으로 한 것은, 실시될 것인지 확실하지는 않지만 효과적인 개발 정책과 인구 정책이 성공할 것이라고 기대하고 있기 때문이다. 독일에서는 이러한 목표 지향성 인구 추정을 '목표 추정'이라고 한다.

1950년대에 유엔이 실시한 2000년도의 세계 인구 추계는 200개국의 실제 인구 변화와 예측한 인구 변화의 차이를 균형 있게 조정했기 때문에 비교적 오차가 적었다. 물론 개개의 국가들로 볼 때는 이민의 흐름을 예측하기 어렵기 때문에 오차가 크다. 하지만 예를 들어, 필자가 10년 후의 독일 인구를 추정할 경우 그 오차는 아주 미미할 것이다. 출산과 사망보다 인구 변화에 더 큰 비중을 차지하는 전출입이나 이민 이출입과 같은 국내외 이동을 고려해야 하기 때문에, 이 경우 국가보다 작은 지역들의 오차는 더욱 클 것이다.

인구 추계를 위한 전제 조건들이 개연성이 있다고 보는 사람들은 그 결과도 개연성이 있는 것으로 받아들여야 한다. 유엔의 2004년 세계 인구 추정은 세계 인구 출생률이 2000~2005년 여성 1인당 2.65명에서 2045~2050년 2.05명으로 감소할 것이라는 것을 기본 전제로 해서 추정한 것이다. 이와 동시에 (남녀) 평균 수명은 65.4세에서 75.1세로 증가할 것이라고 예측하고 있다. 이렇게 예측한 전제 조건들이 맞는다면 세계 인구는 2005년 64억 7,000만 명에서 2050년까지 90억 8,000만 명으로 증가할 것이다.

이러한 결과들은 수학적 명제의 성격을 띠기 때문에, 사람들은 그 실제성을 실감하지 못하고 그냥 방관할 수도 있다. 하지만 이러한 결과들을 설마 하는 생각으로 받아들이거나 무시해버린다면 잘못이다. 이러한 결과는 본질적으로 남녀노소를 불문하고 수억 명의 목숨과 관련된 일이기 때문에, 우리가 무관심하게 그냥 놔둘 수 있는 성질의 것이 아니다.

세계 인구의 출산율이 2050년까지 오늘날 선진국 수준(여성 1인당 1.56명)으로 떨어진다면 앞으로 인간 사회는 어떻게 될 것인가? 또 2050년까지 2.53명으로 떨어진다면 어떻게 될 것인가? 이 질문에는 상하위 변수를 통해 예측한 유엔의 인구 추정을 가지고 답할 수 있다. 그렇게 되면 2050년의 세계 인구는 76억 8,000만 명(하위 변수)

내지 100억 6,500만 명(상위 변수)에 이를 것이다.

앞에서 언급한 중간 변수(90억 8,000만 명)를 사용하면 국가별로 추정 결과가 다양하게 나온다는 것을 알 수 있다(도표 6, 7, 8 참조). 다양한 변수에 따라서 출산율뿐만 아니라 평균 수명도 달라진다(그뿐만 아니라 나라에 따라서 이민 이입과 이출이 차이가 나기 때문에 출산율과 평균 수명의 추정치가 달라진다). 출산율과 사망률이 같은 비율로 변화하더라도 출산율의 변화가 인구 추정에 미치는 영향이 더 크다. 그렇기 때문에 여러 변수로 인해 나타나는 사망률의 차이에 대해서는 여기에서 자세히 다루지 않을 것이다. 전제 조건으로 출산율이 인구 추정에 미치는 영향을 강조하는 특별한 경우에는, 만약 지구상의 모든 국가에서 여성 1인당 출생아수가 2005년 수준으로 계속 머물러 있는다면 2050년의 세계 인구수는 90억 8,000만 명이 아니라 116억 6,000만 명에 달할 것이라는 것을 증명해 보여야 한다.

상위 변수, 하위 변수, 중간 변수의 개연성 정도를 정확하게 이야기하는 것은 불가능하다. 인구학에서도 이것에 대해서는 확실한 결론을 내리지 않고 있다. 세계 총인구에 대해서는 중간 변수에 의한 추정이 가장 개연성이 크다는 데 의견을 모으고 있다. 하지만 국가 그룹 혹은 국가에 따라서 전제 조건은 다를 수 있다. 예를 들어, 유럽의 인구를 추정할 때 유엔은 여성 1인당 출생아수가 2000~2005년 1.40명에서 2050년까지 1.83명으로 증가한다는 것을 기본 전제로 한다. 하지만 제3세계에서 대거 이주민이 이입된다 할지라도, 유럽의 인구수는 2005년 7억 2,800만 명에서 2050년에는 6억 5,300만 명으로 줄어들 것이다. 유럽의 낮은 출산율은 앞으로도 계속 영향을 미칠 것이다. 이것에 대해서는 다른 장(章)에서 더 자세히 논할 것이다.

필자는 출산율이 상승할 확률보다 감소할 확률이 더 크며, 유럽의 출산율은 가장 낮게는 (오늘날 독일과 마찬가지로) 1.33명까지 감소할 것으로 내다보고 있다.

언급할 만한 가치가 있는 결과들을 지면상의 제약 때문에 모두 이 책에서 설명할 수는 없지만 몇 가지만 살펴보기로 하자. 다음 사항들은 〈도표 6〉에 잘 나타나 있다.

(1) 선진국 인구가 세계 인구에서 차지하는 비율은 1950년에는 32.3%, 2005년에는 18.7%, 2050년에는 13.6%까지 떨어질 것이다. 유럽 인구가 세계 인구에서 차지하는 비율은 1950년에는 21.7%, 2005년에는 11.3%, 2050년에는 7.2%가 될 것이다. 한 국가의 발전 정도가 미약할수록 세계 인구에서 그 국가의 인구가 차지하는 비율은 빠르게 성장한다. 최빈국들의 경우, 세계 인구에서 차지하는 비율은 1950년에 8%, 2005년에 11.7%이다. 이 비율은 2050년까지 19.1%로 상승할 것이다.

(2) 유럽은 인구수가 감소하고 있는 유일한 대륙이다. 하지만 다음과 같은 발전 양상에 주목해야 한다. 노령층의 인구수는 절대적으로 증가하는 반면, 젊은 연령층의 인구는 감소하고 있다. 2005~2050년의 연평균 성장률은 0~14세는 -0.36%, 15~59세는 -0.75%, 60세 이상은 0.90%, 80세 이상은 1.98%이다.

도표6 1950~2000년 세계 인구 발전 및 2050년까지의 인구 추정

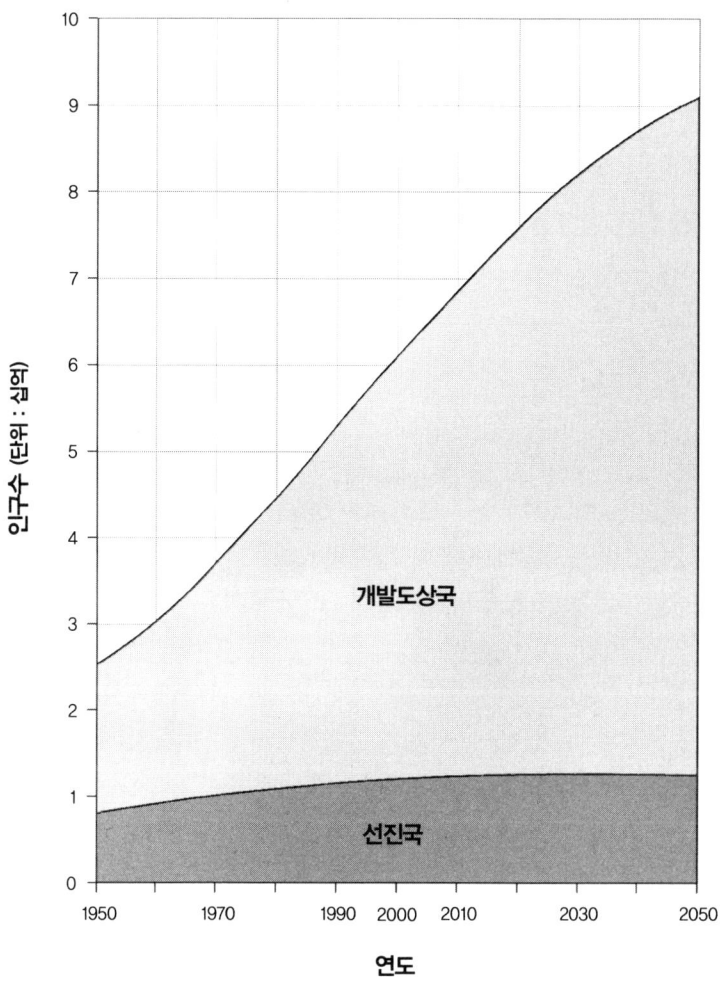

출처 : 헤르비히 비르크, 빌레펠트 대학교, 2005년.
데이터 : 유엔, 세계 인구 전망, 2004년 개정판, 2005년 뉴욕, 중간 변수.

도표7 세계 인구의 총 80%를 차지하는 세계 30대 국가에 대한 2000~2005년 여성 1인당 출생아수와 평균 수명

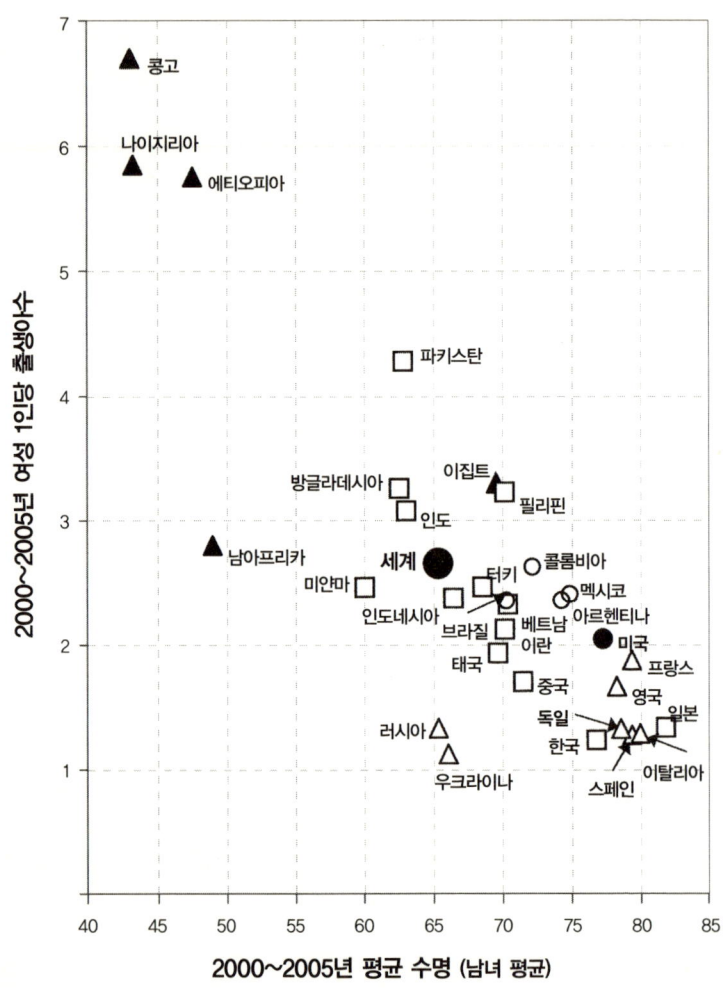

출처 : 헤르비히 비르크, 빌레펠트 대학교.
데이터 : 유엔, 세계 인구 전망, 2004년 개정판, 2005년 뉴욕.

도표8 대륙별 평균 수명 증가와 여성 1인당 출생아수 감소와 평균수명 연장 사이의 상관관계

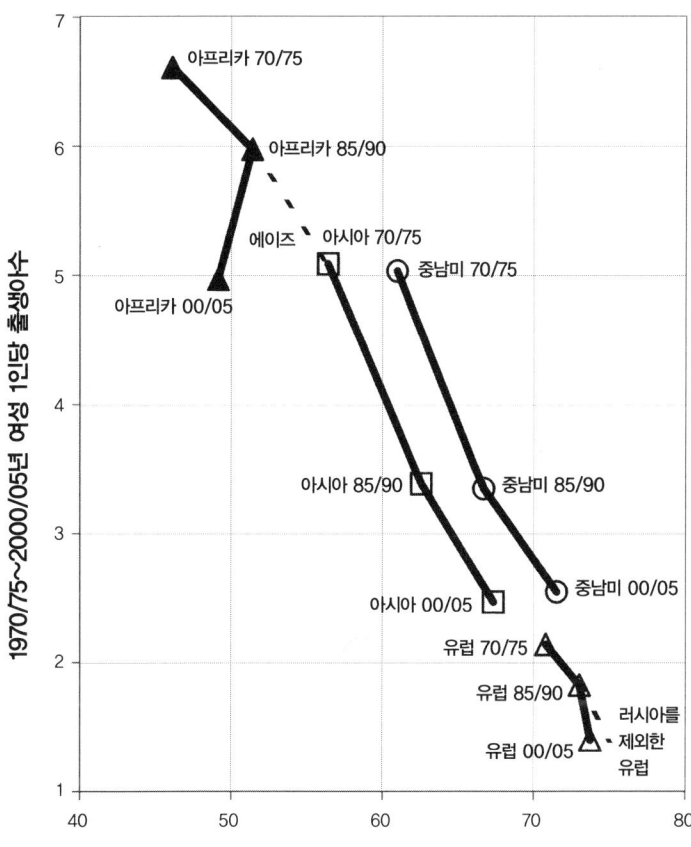

출처 : 헤르비히 비르크, 빌레펠트 대학교, 2005년.
데이터 : 유엔, 세계 인구 전망, 2004년 개정판, 2005년 뉴욕.

표6 국가군별로 본 1950~2050년 세계 인구 발전

	인구 (단위 : 백만)			2050년 인구 (단위 : 백만)			
	1950	1975	2005	하위	중간	상위	상수[1]
전 세계	2,519	4,074	6,464	7,680	9,076	10,646	11,658
선진국	813	1,047	1,211	1,057	1,236	1,440	1,195
개발도상국	1,707	3,027	5,253	6,622	7,840	9,206	10,463
-저개발국	201	356	759	1,497	1,735	1,994	2,744
-기타	1,506	2,671	4,494	5,126	6,104	7,213	7,719
아프리카	224	416	906	1,666	1,937	2,228	3,100
아시아	1,396	2,395	3,905	4,388	5,217	6,161	6,487
유럽	547	676	728	557	653	764	606
중남미	167	322	561	653	783	930	957
북미	172	243	331	375	438	509	454
오세아니아	13	21	33	41	48	55	55

출처 : 유엔 안전보장이사회의 경제사회국 인구처(2005) : 세계 인구 전망, 2004년 개정판, 하일라이트편, 뉴욕 : 유엔
1) 2050년까지 여성 1인당 출생아수는 2000~2005년 수준으로 변함없음.

표7 국가군별로 본 1970~2050년 여성 1인당 출생아수

	1970/1975	2000/2005	변수(2050년까지)			
			하위	중간	상위	상수[1]
전 세계	4.49	2.65	1.56	2.05	2.53	3.50
선진국	2.12	1.56	1.34	1.84	2.34	1.67
개발도상국	5.44	2.90	1.59	2.07	2.56	3.69
-저개발국	6.61	5.02	2.08	2.57	3.05	5.56
-기타	5.28	2.58	1.42	1.92	2.41	3.06
아프리카	6.72	4.97	2.03	2.52	3.00	5.50
아시아	5.08	2.47	1.42	1.91	2.41	2.98
유럽	2.16	1.40	1.33	1.83	2.33	1.45
중남미	5.05	2.55	1.36	1.86	2.36	2.69
북미	2.01	1.99	1.35	1.85	2.35	1.99
오세아니아	3.23	2.32	1.42	1.92	2.42	2.72

출처 : 유엔 안전보장이사회의 경제사회국 인구처(2005) : 세계 인구 전망, 2004년 개정판, 하일라이트편, 뉴욕 : 유엔
1) 2050년까지 여성 1인당 출생아수는 2000~2005년 수준으로 변함없음.

세계 인구 추정:신뢰도 및 주요 결과 85

(3) 총인구가 6억 8,700만 명인 19개 국가의 출산율이 1973년에 처음으로 2.1명(현 상황을 유지할 수 있는 여성 1인당 출생아수) 이하로 떨어졌고, 2003년에는 총인구가 27억 4,200만 명(세계 인구의 43.4%)인 65개 국가에서 이런 현상이 나타났다. 2048년에는 총인구가 69억 9,000만 명(세계 인구의 77.5%)인 148개 국가에서도 이런 현상이 나타날 것으로 추정된다.

(4) 독일을 비롯한 25개 선진국과 12개 개발도상국들은 2050년까지 인구가 감소할 것이다. 산업국가 대열에서 인구 감소가 가장 크게 나타나는 나라는 우크라이나(-43%), 불가리아(-34.4%), 벨로루시(-28.1%)이다. 개발도상국 가운데서는 가이아나(-35%), 그루지아(-33.3%), 통가(-26.7%)에서 인구 감소가 두드러질 것이다.

(5) 인구 고령화는 전 세계적인 현상으로 선진국이나 개발도상국 모두에서 나타나고 있다. 1950년에는 두 사람 중 한 명꼴로 나이가 23.9세(중간 연령) 이상이었는데, 2005년에는 두 사람 중 한 명꼴로 28.1세 이상이 되었다. 세계적으로 출산율은 계속 감소하고 어느 정도 평균 수명이 높아졌기 때문에, 중간 연령은 2050년까지 37.8세로 높아질 것이다.

세계 인구는 인구가 감소하는 소수 선진국 집단의 인구와 인구가 증가하는 대다수 국가들의 인구로 나뉜다. 이 때문에 세계 인구는 인구 균형과는 점점 더 거리가 멀어진다. 유엔의 장기적인 모형 계산에 따르면, 이런 분리 현상은 21세기 후반에도 계속될 것이다. 예를 들어, 유럽의 인구는 2100년까지 약 5억 3,800만 명으로 줄어들 것이고, 아프리카의 인구는 22억 5,400만 명으로 늘어날 것이다. 세계 총인구는 2070년이면 그 정점을 넘어서겠지만, 이것이 인구에 관련된 총체적인 문제들이 줄어들기 시작한다는 의미는 아니다. 왜냐하면 인구가 성장하고 있거나 감소하고 있는 국가들과 국가 그룹들 간의 양극화는 2050년까지 계속 심해질 것이고, 21세기 후반에도 평준화되지 않고 더욱 심화될 것이기 때문이다.

Die ausgefallene Generation

7
유럽 인구 감소와 북아프리카 및 서아시아 지역의 인구 증가

일본, 독일 및 기타 나라들의 출산율 및 출생아수 감소는
이미 과거의 일로 돌이킬 수 없다.
이러한 감소 현상은 미래 발전에 미치는 영향이 매우 커서,
출산 상승률이 대폭 높아진다 해도
수십 년에 걸쳐 나타날 인구 감소 현상을 막을 수는 없다.

■　■　■

2005년 세계 인구에서 독일 인구가 차지하는 비율은 1.3%이다. 독일 인구는 줄어드는 데 세계 인구는 늘고 있기 때문에, 2050년까지 그 비율은 0.8%로 낮아질 것이다.

독일 인구는 너무나 적어서 인구학적 측면에서 볼 때 독일이 세계 지도에서 완전히 사라진다 해도 그다지 눈에 띄지 않을 것이다. 왜냐하면 독일 인구가 세계 인구 추정의 오차 범위 내에 있기 때문이다.

오늘날 독일은 인구학적 측면보다는 문화적·경제적 측면에서 그 중요성이 더 큰 나라이기 때문에, 세계총생산에서 독일이 차지하는 비율은 4.6%에 이른다. 물론 문화적 가치는 수치로 환산할 수 없다.

세계 경제 지도와 인구 지도(도표 9와 10)는 경제적·인구학적 의미에 따라 서로 다른 세계 각국의 순위를 보여주고 있다. 경제 대국인 미국, 일본, 유럽은 인구학적으로 볼 때는 소국(小國)이고, 중국,

도표 9 세계 경제 지도(국가별 면적은 국민총생산에 따른 비율을 적용한 것임.)

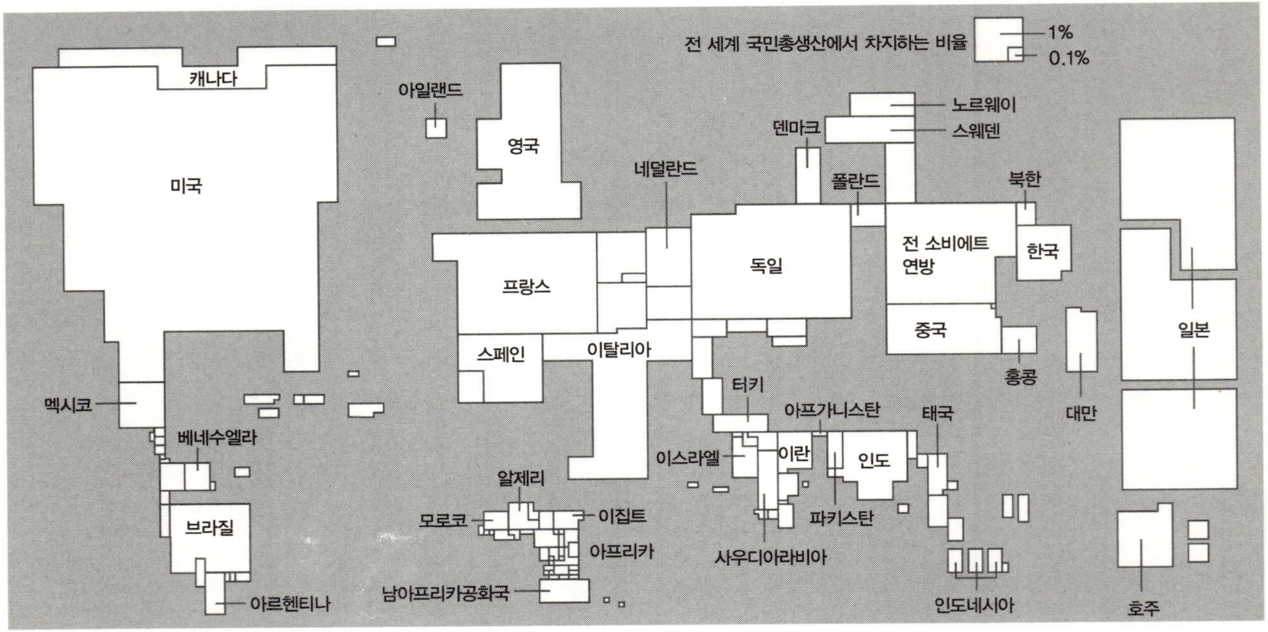

전 세계 국민총생산에서 차지하는 비율
- 1%
- 0.1%

일본, 호주, 대만, 한국, 북한, 홍콩, 노르웨이, 스웨덴, 전 소비에트 연방, 중국, 인도네시아, 태국, 폴란드, 덴마크, 인도, 파키스탄, 아프가니스탄, 이란, 이라크, 사우디아라비아, 독일, 터키, 헬라시아, 네덜란드, 이집트, 이탈리아, 알제리, 이스라엘, 영국, 프랑스, 스페인, 모로코, 남아프리카공화국, 아일랜드, 캐나다, 미국, 멕시코, 베네수엘라, 브라질, 아르헨티나

90 사라져가는 세대

도표10 세계 인구 지도(국가별 면적은 출생아수에 따른 비율을 적용한 것임.)

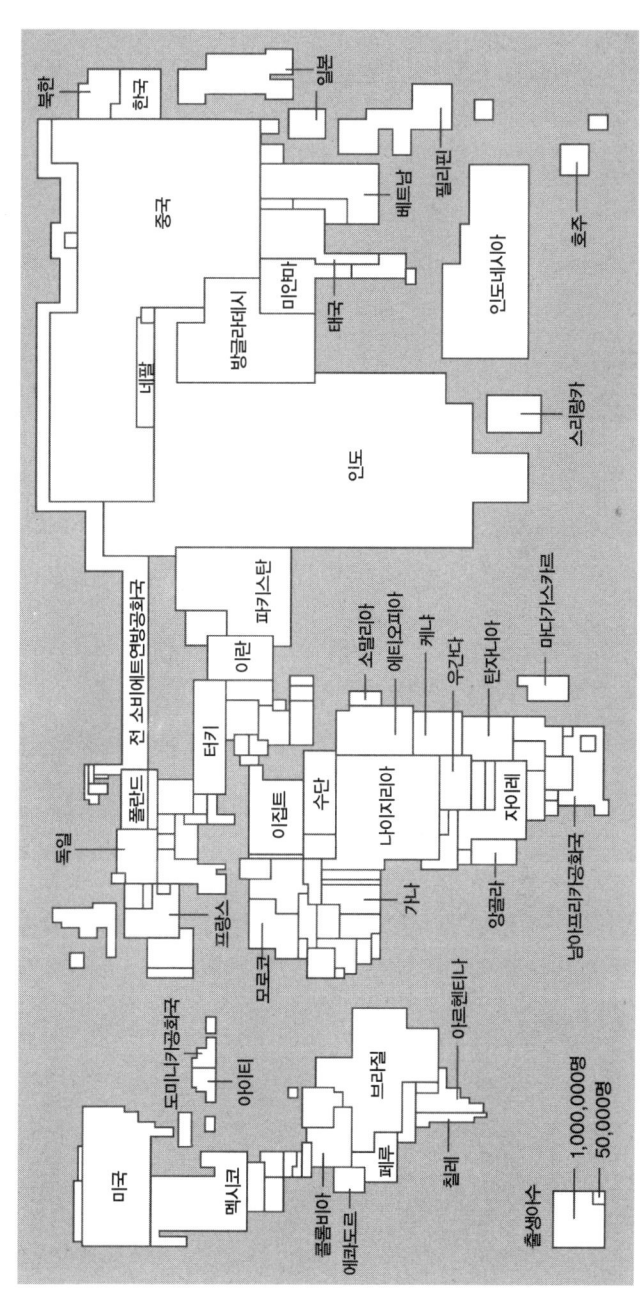

유럽 인구 감소와 북아프리카 및 서아시아 지역의 인구 증가

인도, 인도네시아 같은 경제 소국들은 인구학적으로 볼 때는 대국에 속한다.

세계총생산은 무엇보다도 세계 인구 성장 때문에 독일 국내총생산보다 더 높은 성장률로 증가하고 있다. 세계총생산과 독일 국내총생산의 연간 성장률 차이는 평균 약 2% 이상일 것이다. 앞으로 성장률 차이가 1%라고 가정할지라도(예를 들면, 독일 국내총생산의 성장률이 2%이고, 세계총생산의 성장률은 3%인 경우) 세계총생산에서 독일이 차지하는 비율은 4.6%에서 2.8%로 감소할 것이다.

미국은 세계에서 경제적으로나 인구학적으로 정상 순위를 고수하고 있는 유일한 국가이다. 인구수로 볼 때 미국은 수십 년 동안 중국과 인도에 이어 세계 3위의 자리를 지켰고, 2050년에도 역시 3위를 고수할 것이다. 미국의 인구는 높은 출산율과 이민 이입률로 증가하고 있으며, 2005년에서 2050년까지 3억 명에서 4억 900만 명으로 늘어날 것이다.

현재 미국은 경제적으로나 인구학적으로 높은 순위를 차지하고 있지만, 높은 순위를 차지하는 나라들의 비중은 조만간 바뀔 것이다. 미국 이외에 인구학적으로 수백 년 동안 강대국 자리를 지켜왔던 중국 역시 높은 경제 성장 때문에 경제면에서 세계 강대국이 될 것이다.

전 세계 200여 개 국가를 대상으로 한 인구 추정 결과는 국가 그룹별로 집계되는데, 여기서 미국을 제외한 선진국들, 특히 유럽과 일본은 인구학적으로 볼 때 열세한 나라로 나타난다. 유럽은 인구가 줄어들고 있는 유일한 대륙이다.

필자는 필자가 쓴 『인구학의 시대 변천(Die demographische Zeitenwende)』에서 과거 15개국이 회원국이던 유럽연합의 인구 증가를 지중해 연안국들인 모로코, 알제리, 튀니지, 리비아, 이집트, 터키의 인구 성장과 비교한 바 있다. 인구 추정 결과, 출산율이 급감하고 이민 이출이 많아도 지중해 연안국들의 인구는 1998년에 2억 3,600만 명에서 2050년이면 3억 9,400만 명까지 증가할 것이다. 반면에 유럽연합 15개국의 인구는 이민 이입을 통해 부족한 출산율을 메우지 못한다면 3억 7,500만 명에서 2억 9,600만 명으로 감소할 것이다.

뉴욕에 있는 인구위원회는 세계적으로 유명한 민간 재단으로 그 영향력이 대단한데, 위원회장인 폴 드므니(Paul Demeny)는 논문에서 회원국이 25개국으로 늘어난 유럽연합의 인구 발전과 유럽의 남쪽에 위치한 배후 지역들의 인구 발전을 비교했다.

배후 지역은 25개 국가로 집계되는데, 앞에서 언급한 지중해 연안국들, 그리고 터키, 이란, 이라크, 아프가니스탄과 파키스탄을 비롯한 아라비아 반도 국가들이 여기 포함된다. 여기에서 구 소비에트 연방에 속한 중앙아시아 국가들, 이스라엘, 사하라 남부 아프리카에 위치한 이슬람 국가들은 제외된다.

런던, 암스테르담, 함부르크 등과 같은 도시도 오늘날 대부분이 지리적으로 근접한 지역에서 이입된 이민자로 구성되어 있는데도 유럽의 배후 지역에서 제외된 것을 보면, 앞에서 규정한 유럽의 배후 지역은 결코 광범위하게 구분지은 것은 아니다.

유럽 배후 지역의 25개국 인구가 2000년에 5억 8,700만 명에서

2050년까지 12억 9,800만 명으로 늘어날 것으로 보이기 때문에, 앞으로 이들 25개국들 간에 서로 이동하는 이민자수는 증가할 것으로 보인다. 이 예측에서 출산율의 급감을 전제하지 않는다면, 인구는 훨씬 더 큰 폭으로 성장할 것이다.

일본의 경우, 여성 1인당 출생아수가 1.3명에서 1.9명으로 늘어날 것이라는 전제에도 불구하고 오히려 인구수는 2005년 1억 2,800만 명에서 2050년까지 1억 1,000만 명으로 줄어들 것이다. 이것은 결코 일어나서는 안 되는 일이다. 얼른 봐서는 납득하기 힘든 일본의 예측 결과는 과거의 출산율 감소와 절대적 출생아수의 감소에서 비롯된 것이다. 과거의 출산율 감소와 출생아수 감소는 결국 부모 연령대의 인구수를 돌이킬 수 없을 정도로 감소시킨다.

일본, 독일 및 기타 나라들의 출산율 및 출생아수 감소는 이미 과거의 일로 돌이킬 수 없다. 이러한 감소 현상은 미래 발전에 미치는 영향이 매우 커서, 출산 상승률이 대폭 높아진다 해도 수십 년에 걸쳐 나타날 인구 감소 현상을 막을 수는 없다.

미래를 구축하기 위한 정책을 논의할 때 이러한 상황은 반드시 인식해야 한다. 정치적 통제 하에 인구 변화를 꾀하여 미래를 구축하려는 정책을 세우려면, 현실적인 관점에서 과거의 문제들을 극복해야 한다.

인구위원회는 더 이상 돌이킬 수 없는 잘못된 과거의 인구 정책 때문에 국가의 인구 비중이 변화된 극적인 예로 러시아와 예멘을 꼽았다. 유엔 인구처의 인구 추정에 따르면, 러시아의 인구수는 동구권 붕괴 이후 출산율이 급격히 감소하여 2005년까지 여성 1인당 출생아수가 1.1명으로 떨어졌다. 이렇게 감소한 출산율을 다시 회복시켜 2050년까지 출생아수가 1.9명으로 증가할지라도, 2005년에 1억 4,200만 명이 2050년까지는 1억 100만 명으로 줄어들 것이다.

1950년에 400만 명이었던 예멘의 인구는 여성 1인당 출생아수가 7명인 덕분에 2005년에는 2,100만 명으로 늘어났다. 예멘의 인구는 2050년까지 4배 이상으로 증가해 9,500만 명으로 증가할 것이다. 이러한 추정은 2005년 여성 1인당 출생아수가 7명이던 것이 2050년에는 4명으로 감소한다는 가정을 전제로 한 것이다. 두 나라의 출산율에 변함이 없다면 러시아의 인구는 2050년이면 9,500만 명에 이를 것이고, 이와 대조적으로 예멘의 인구는 6배로 늘어난 1억 3,900만 명에 이를 것이다.

이스라엘과 이스라엘이 점령한 팔레스타인 지구의 인구 변화는 인구학적 미래 전망에서 가장 특이한 예를 보여주고 있다. 유엔 인구처에 따르면, 이스라엘 인구는 2005년 기준 670만 명이다. 이스라엘이 점령한 팔레스타인 지구의 인구는 380만 명이다. 2000~2005년 연간 여성 1인당 출생아수는 이스라엘이 3.8명이고, 팔레스타인 지구는 5.57명이다. 유엔 인구처는 이스라엘의 여성 1인당 출생아수가 계속 줄어들어 2050년에는 1.85명으로 감소할 것이며, 팔레스타인도 2.34명으로 줄어들 것이라고 추정하고 있다.

인구에 결정적인 영향을 미치는 평균 수명이나 이민 이입과 이출이 바뀌지 않는다는 전제 하에서 이스라엘 인구는 2050년까지 690

만 명에서 1,000만 명으로 증가할 것이고, 팔레스타인은 380만 명에서 1,110만 명으로 증가할 것이다. 출산율이 변하지 않는다면 차이는 더욱 커져서, 2050년에 이스라엘 인구는 1,300만 명, 팔레스타인 인구는 2,200만 명이 될 것이다.

이스라엘 내에서도 팔레스타인 주민은 전체 인구의 약 20%를 차지하는데, 이들은 법적으로 유대 혈통으로 규정되는 유대인보다 인구 성장이 훨씬 빠르다. 한 국제회의에서 이스라엘과 독일 학자들은 이스라엘과 팔레스타인의 서로 다른 인구 성장에 대해 토론하고 이스라엘과 팔레스타인 사이의 딜레마를 분석했다. 지금까지 소수 민족이었던 아랍계가 어느 날 다수 민족이 된다는 것은 있을 수 있는 일이기도 하지만, 다른 한편으로는 그렇게 되리라고 상상하기 힘든 일이기도 하다.

1999년 말까지 독일과 이스라엘은 중요한 공통점을 가지고 있었다. 그것은 바로 국적을 혈통주의에 입각해 부여했다는 것이다. 독일은 2000년 1월 1일자로 이 혈통주의 원칙을 폐지했다. 그 이유는 순수 혈통 독일인의 수는 줄어드는 반면에, 독일로 이주해온 이민자들의 출산율은 점점 높아져 이민자수가 크게 증가했기 때문이다.

이스라엘, 독일 및 기타 국가들의 인구학적 딜레마는 한 국가를 형성하는 시민과 세계 인종들이 점점 하나의 글로벌 사회를 형성하는 것만으로는 해결되지 않는다. 미래의 글로벌화된 세계는 지금까지 존재하고 있던 개개의 국가들을 없애고 그 자리를 대신할 수 있는 것이 아니라, 개개의 국가들 간에 더 높은 단계의 새로운 관계를 형성하여 지금까지의 국가 관계를 보충하는 역할을 하기 때문에, 미래의 글로벌 사회는 이런 문제들을 완전히 해결하지는 못할 것이다.

Die ausgefallene Generation

8

독일의
인구 추정

현재까지 연방 통계청은 각 주의 16개 통계청과 공동으로
이른바 '공동 인구 추정' 작업을 10차례나 실시했고
그 결과를 책으로 펴내기도 했다. 대중은 이 연구 결과를
비판 없이 받아들였다. 대중의 이러한 무비판과 무지는 끔찍한 결과를
낳았고 지금도 낳고 있다.

독일의 여러 연구소와 연방 통계청에서 정기적으로 발표하는 독일 인구 추계의 주요 결과는 다음과 같다.

(1) 인구 고령화(평균 연령이 10세 정도 높아지고, 인구대비 노년층 비율이 2배가 되는 현상)는 시계처럼 쉼 없이 진행되어왔고, 향후 50년간은 멈추거나 역전시킬 수 없는 불가역 변화 과정이다. 인구노령화는 출산율의 증가나 젊은 외국인의 이민 이입 증가로는 저지할 수 없고 다만 완화할 수 있을 뿐이다. 예를 들어, 젊은 외국인의 이민 이입을 통해 인구 고령화를 막으려면 2050년까지 1억 8,800만 명이 독일로 이민을 오거나 출산율이 현재의 3배는 되어야 한다.

(2) 인구 고령화와 대조적으로 인구 감소는 불가역 현상은 아니다. 1972년 이후 독일 국민의 출산 부족 때문에 지속되어온 인구 감소는, 원칙적으로 이민 이입의 증가로 상쇄시키거나 감소를 지연시킬 수도 있었고, 더 나아가서는 인구 성장 추세로 반전시킬 수도 있

었을 것이다. 이렇게 되려면 21세기 중반까지, 어쩌면 그 이후까지 연간 이민 이입이 현재 20만 명에서 70만 명으로 지속적으로 증가해야 한다. 그러나 이것은 단지 이론적인 생각일 뿐 어떤 정당이나 관련 사회 단체도 이런 목표를 추구한 적은 없다.

(3) 인구 고령화의 결정적인 원인으로 이제는 돌이킬 수 없는 과거의 출산율 저조와 이로 인한 인구 급감을 들 수 있는데, 1998~2050년 동안 20~60세 인구는 1,600만 명, 20세 이하 인구는 800만 명이 감소하지만, 60세 이상은 1,000만 명이 증가할 것이다. 80세 이상의 인구는 300만 명 정도에서 1,000만 명으로 증가할 것이다. 평균 수명의 연장은 인구 고령화의 2차적 원인이라고 할 수 있다. 설사 독일 국민의 평균 수명이 지금 그대로 유지된다고 해도 노년층 비율은 2배로 증가할 것이다. 2003년 약 8,000명이던 100세 이상 노인의 수가 2050년까지 10배로 늘어난다 할지라도, 60세 이상 인구가 1,000만 명이 늘어나는 것에 비하면 인구 고령화의 요인으로 큰 의미가 있는 것은 아니다. 100세 이상 노인의 수가 20배로 증가하여 1만 6,000명이 된다 해도 1만 3,800개 지역에는 100세 이상의 노인이 평균 12명씩밖에는 안 된다.

(4) 인구 고령화 현상은 모든 연방 주에서 나타나고 있지만 정도의 차이는 있다. 특히 중장년층 인구가 전입하고 청년층이 전출하는 지역에서 노령화는 더 심하게 나타났다(지역 이주를 통한 적극적·소극적 의미의 노령화).

(5) 독일의 1만 3,800개 지역은 연간 480만 건의 이사로 인구 증가 지역 또는 감소 지역으로 나뉜다. 우선 바이에른 주, 바덴뷔르템부르크 주, 그리고 헤센 주 남부는 향후 2,30년간 독일 내 이주(또는 외국으로부터의 이민 이입)로 인구가 증가할 것이다.

(6) 1999년 12월 31일까지 유효한 시민권을 가진 독일 인구는 출산 부족 때문에 감소하고 있고, 이민자들은 높은 출산율과 추가 이민 이입으로 그 수가 증가하고 있다. 노년층에서는 독일인이 다수를 차지하는 반면, 대도시에 거주하는 40세 이하의 경우는 몇 년 만 지나면 이민 온 인구가 절대 다수를 차지하게 될 것이다.

어떻게 이런 예측들이 나오는 것일까? 이러한 예측은 얼마나 믿을 만한가? 인구 추정 작업은 배를 건조하는 것에 비유할 수 있다. 설계와 제작은 몇 달 내지 몇 년이 걸리는 일인 데 비해, 진수(進水, 여기서는 컴퓨터로 예측 결과를 계산하는 것을 비유한 것임)는 몇 분 혹은 몇 초면 끝난다. 오늘날 학문에 기초를 두고 인구를 추정하는 모든 연구 기관들은 추정 과정 혹은 계산 과정을 단지 부수적인 의미를 지닌 것으로 보고 있다. 하지만 문외한은 전문적 인구학의 학문적 추정과 일시적 인구학의 학문적 추정의 차이를 알지 못한다.

믿을 만한 추정인지 아닌지는 추정 과정에 의해 좌우되는 것이 아니라, 앞으로의 출산율과 사망률의 전개 및 이민 이입과 이출에 대한 전제가 얼마나 정확한지에 달려 있다. 과거의 현상들을 먼저 정확하게 분석해야만 현실적인 전제 조건들을 세울 수가 있는 것이다.

독일에서는 대학, 연구 기관, 연방 통계청과 각 주의 통계청에서 인구를 추정하고 있다. 공공 기관의 연구 결과는 어떤 의심도 할 수 없을 만큼 정확한 사실인 것처럼 언론을 통해 알려진다. 이때 대중은 추정 결과의 기반이 되는 예측된 전제들에 대해서는 잘 알지 못한다. 하지만 그런 전제들을 고의로 비밀로 하는 것은 아니고, 단지 뉴스 편집자들이 그러한 예측된 전제들보다는 눈에 보이는 추정 결과만을 가장 흥미 있고 중요한 정보라고 여겨 부각시키기 때문인 것 같다.

현재까지 연방 통계청은 각 주의 16개 통계청과 공동으로 이른바 '공동 인구 추정' 작업을 10차례나 실시했고 그 결과를 책으로 펴내기도 했다. 대중은 이 연구 결과를 비판 없이 받아들였다. 대중의 이러한 무비판과 무지는 끔찍한 결과를 낳았고 지금도 낳고 있다. 예를 들어 지난 번 아홉 번째 공동 인구 추정은 독일의 평균 수명이 2000년 1월 1일부터는 증가하지 않으리라는, 현실과는 동떨어진 전제를 근거로 한 것이었다. 이러한 추정에서 나온 결과들은 노동사회부 장관이었던 노르베르트 블륌(Norbert Blüm)의 연금 개혁에 기반이 되었다. 이런 사실들은 제대로 문서화되어 연방 통계청 전문지인《경제와 통계》에 수록되었지만, 어느 누구도 이러한 중요한 전제를 알아차리지 못한 것 같다. 어쩌면 블륌 역시 이 사실을 모르고 있었을 수도 있지만, 역사책은 그의 연금 개혁에 관해서 다음과 같이 기록할 것이다. "연금은 안전하다." "연금 수령자들은 안전할 것이다."

연방 통계청과 각 주의 통계청은 인구 추정을 서로 조율한다. 매년 약 120만 명이 이사하면서 주를 옮기고 있다(국내 이동). 이처럼 각 주의 인구 변동은 다른 주의 인구 변동과 얽혀 있기 때문에, 각 주들이 인구를 추정할 때는 서로 조율해야만 한다. 앞으로도 국내 이동은 계속될 것이기 때문에, 각 주는 인구를 추정하기 위해 국내 이동의 규모와 방향에 대한 전제들을 세워야 한다. 그리고 16개 주의 전제들을 상호 조정하지 않는다면 결과에는 논리적 모순이 나타나게 될 것이다.

예를 들어, 인구 추정에서 바덴뷔르템베르크 주의 전입과 전출의 차이(다른 주에서 바덴뷔르템베르크로 전입한 수에서 바덴뷔르템베르크 주에서 다른 주로 전출한 수를 뺀 차이)가 플러스인 것을 기초로 한다면, 하나 이상의 주에서 바덴뷔르템베르크로부터 전입한 수보다 바덴뷔르템베르크로 전출한 수가 더 많아야 하며 이러한 전출 과잉 현상을 보이는 주들의 전입과 전출 차이의 합은 바덴뷔르템베르크의 전입과 전출 차이(전입 과잉)와 같아야 한다. 다른 주로 전입하는 것은 또 다른 주의 입장에서는 전출을 의미하기 때문에 모든 전입의 합은 모든 전출의 합과 일치하며 논리적으로 모든 전입과 모든 전출의 차이는 0이 된다.

각 주들은 연방 정부와 공동 작업으로 인구를 추정해왔다. 최근에 연방 통계청이 실시한 '인구 추정'은 2003년 6월에 실시한 '열 번째 공동 인구 추정'이다. 이것은 2001년 12월 31일 인구수를 기초로 하고 있다. 추정 기간은 2050년까지로 매년 중간 결과를 발표한다. 이러한 결과들은 '예측'이라기보다는 '계산을 통한 인구 추정'이라고 할 수 있다. 이 인구 추정은 미래에 대한 각각의 결과를 특정 숫자의 형태로 나타낸 것이 아니라, 상위 변수와 하위 변수를 통해 미래의 진행 방향 추이를 나타낸 것이다.

인구를 추정할 때는 9가지 변수에 따라 계산하고 이를 통해 미래의 추이를 알아본다. 평균 수명 연장에 대한 3가지 전제와 이민 이입 및 이출로 인한 인구 변동에 대한 3가지 전제들을 조합하여 나타낸 것이 9가지 변수이다. 변수들의 수치가 한도를 넘지 못하게 하기 위해서 연방 통계청은 9가지 변수에 대해 동일한 출산율, 즉 2050년까지 모든 기간에 걸쳐서 여성 1인당 출생아수가 1.4명이라는 전제를 근간으로 하고 있다. 동일한 출산율을 근간으로 하지 않고 출산율을 3가지 변수로 세분화했다면, 총 27개의 변수에 따른 추이가 나타났을 것이다.

연방 통계청의 최하위 변수는 2050년까지 평균 수명이 남자는 75세에서 78.9세로, 여자는 81세에서 85.7세로 연장될 것이라는 데 기초하며, 또 이민 이입자와 이출자의 차이가 연평균 14만 명에 이르리라는 사실에 기초한다. 이민 이입자와 이출자의 차이에 해당하는 수는 두 부류, 즉 외국 국적 소지자 10만 명과 타국, 특히 동유럽에서 역이주한 독일 혈통의 이주자 8만 명으로 집계된다. 이때 이주자 8만 명이라는 초기 숫자는 2040년까지 단계적으로 0으로 감소해서 2040년까지 타국에서 이주해온 독일 혈통의 이주자가 연평균 4만 명이 될 것이라고 추정한다. 그래서 여기에 앞에서 언급한 외국 국적 소지자 10만 명을 합하면 총 14만 명이 된다. 최근 몇 년간 독일은 이민 이입자와 이출자의 연간 차이가 17만 명이다.

표 8 연방 통계청의 '열 번째 공동 인구 추정'으로 살펴본
변수에 따른 인구 추정

(단위 : 백만)

연도	하위 변수	중간 변수	상위 변수
2002	82.5	82.5	82.5
2010	82.0	83.1	83.1
2030	76.7	81.2	83.9
2050	67.0	75.1	81.3

중간 변수를 적용하면 평균 수명이 더 크게 증가해서, 남성은 81.1세, 여성은 86.6세까지 올라간다. 이민 이입자와 이출자의 차이도 더 커져, 연간 24만 명으로 추정된다. 이 가운데 20만 명은 외국인이고 4만 명은 타국에서 온 독일 혈통 이주자들이다. 최상위 변수를 적용하면 평균 수명은 남성 82.6세, 여성 88.1세로 더 크게 늘어나고 연간 이민 이입자와 이출자의 차이도 34만 명이며, 이 가운데 30만 명은 외국인, 4만 명은 이주자들이다.

여기에서는 총 9가지 변수 중에서 3가지 중요 변수만을 소개했는데, 나머지 6가지 변수는 각 변수들의 사이에 존재한다. 즉, 하위 변수와 중간 변수 사이에 3가지 변수가 존재하고, 마찬가지로 중간 변수와 상위 변수 사이에 3가지 변수가 존재한다(표 8).

결론은 다음과 같다. 이민 이입자와 이출자의 차이가 14만 명일 때(하위 변수)는 2004년부터 인구가 감소하기 시작하고, 그 차이가 24만 명일 때(중간 변수)는 2012년부터 인구가 감소하기 시작하며,

34만 명일 때(상위 변수)는 2024년부터 인구가 감소하기 시작한다. 실제로 인구는 2003년에 이미 감소하기 시작했다.

빌레펠트 대학교 인구연구와 사회정책 연구소(IBS)가 실시한 인구 추정들은 28가지 변수로 구성되어 있다. 〈도표 11〉에서 여성 1인당 출생아수가 1.5명 수준으로 상승하는 추가 변수를 적용해서 이민을 고려한 경우와 고려하지 않은 경우로 나눈 결과를 한눈에 볼 수 있다. 이민 이입과 이출을 고려하지 않은 가설상의 모델 계산으로부터 나온 결과는 인구수가 21세기 말까지 8,200만 명에서 2,400만 명 혹은 3,200만 명으로 줄어든다는 것이다.

빌레펠트 대학교 인구연구와 사회정책 연구소는 유일하게 구동독과 구서독을 주별로 세분화하고 구동독과 구서독 내에서 인구를 각각 독일인과 타국에서 온 이민자들로 세분화하여 인구를 추정했다. 몇 가지 이유에서 이런 세분화는 중요하다. 한 가지 이유는, 구동독의 인구 감소와 노령화 현상이 심화되고 있다는 점이다. 구동독에서 인구 감소와 노령화 현상이 일어나는 것은 구동독의 출산율이 낮아졌고 구동독에서 구서독으로 이동하는 국내 이주가 늘었기 때문이다. 이러한 현상은 구서독과 구동독을 지역별로 나누어 따로 추정해야만 알 수 있다. 또 다른 이유는 (공식 국적과 상관없이) 이민자수와 이민자의 출산율이 증가하고 있는 데 반해, 순수 독일인 인구는 낮은 출산율 때문에 급속하게 감소하고 있다는 것이다. 연방 통계청의 인구 추정 역시 각 주별로 분류하기는 하지만, 독일인과 이민자를 세분화하여 추정하지는 않는다.

'이민자'라는 표현은 추정이 시작된 시점(1998년 12월 31일)에 외

도표11 이민 이입과 이출로 인해 15년 이내에 여성 1인당 출생아수가 1.3명에서 1.5명으로 늘어나는 21세기 독일 인구 변화

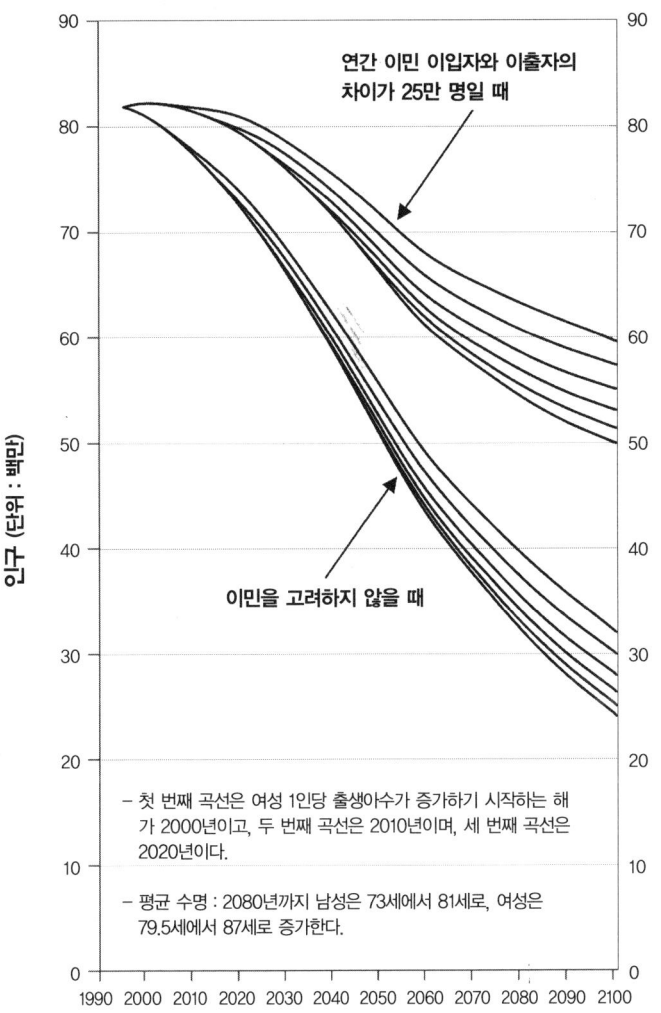

출처 및 데이터 : 헤르비히 비르크, 『인구학의 시대 변천』, 제4판, 뮌헨 2005년, 99쪽.

국 국적을 소지한 사람들과 그 자손까지를 포함해 일컫는 말이다. '난민'은 여러 가지 연구 목적에 따라 이민자 그룹에 편입시킬 수도 있지만, 이때까지 이주해온 난민은 헌법에 따라 독일인으로 간주했기 때문에 독일 인구로 계산한다. 이런 식의 세분화를 통해 국적법 변경과는 무관한 장기적인 인구 추정이 가능하다.

4개의 인구 그룹에 각각 7가지 변수들을 모두 계산하면 총 28가지 변수들이 있는데, 이 책에서는 이 가운데 평균치인 중간 변수들을 강조한다. 나머지 변수들에 대해서는 필자의 책인 『인구학의 시대 변천』에 자세히 나와 있다. 평균 수명에 대한 예측은 빌레펠트 대학교 인구연구와 사회정책 연구소가 인구 추정을 발표하고 4년 뒤에 나온 '열 번째 공동 인구 추정'의 중간 변수에 따른 결과와 일치한다.

연방 차원에서 발표한 출산율에 대한 예측들도 이와 비슷하다. 하지만 빌레펠트 대학교 인구연구와 사회정책 연구소는 독일인과 이민자 여성 1인당 출생아수를 서로 다르게 적용하여 인구를 추정할 수 있었다. 독일인은 여성 1인당 출생아수에 변함이 없고, 이민자는 1998년에서 2030년까지 1.90명에서 1.64명으로 감소하는 것을 기본으로 했다. 추정 결과에 따르면, 중간 변수를 적용했을 때 이민 이출자는 연간 17만 명으로, 이 수치는 최근 30년간의 평균치이다. 구동독 주에서 구서독 주로 이주하는, 연간 내부 이주자수는 5,000명으로 예측되었다. 이때 이민 이출입자들을 성별, 나이별로 세분화하는 작업은 젊은층의 이민 이출 때문에 특히 중요하다.

독일에 대한 결과는 '열 번째 공동 인구 추정'의 하위 변수 결과

표 9 빌레펠트 대학교 인구연구와 사회정책 연구소의 인구 추정

(단위 : 백만, 중간 변수)

	1998	2010	2030	2050	2080	2100
독일인/구서독 주	59.6	57.1	49.9	39.5	24.9	17.7
독일인/구동독 주	15.0	14.4	12.4	9.5	5.2	3.5
타국에서 온 이주자/구서독 주	7.1	9.9	14.1	17.4	20.7	22.3
타국에서 온 이주자/구동독 주	0.3	0.6	1.1	1.6	2.2	2.6
독일 총계	82.1	82.0	77.5	68.0	53.1	46.1

합계에서 편차는 반올림으로 처리했음.

와 일치한다. 이는 비슷한 예측 가정들을 근거로 했을 때는 인구 추정이 다르게 나타나지 않는다는 사실을 보여주는 것이다. 2050년 이후에 대한 결과들은 인구 추계도 예측도 아닌 순전히 모델 계산에 의해 나온 것이다(표 9).

결과

21세기 첫 10년간의 인구수는 이민 때문에 일시적으로 약간 늘어나고 이 증가 추세는 대략 2005년까지 계속된다. 이후에는 지속적인 감소 추세가 이어진다. 이러한 감소 추세는 2050년, 2080년, 아니면 대략 그 중간 어느 해에서 끝나는 것이 아니라, 출산율이 현 상태의 인구수를 유지하는 수준 이하로 떨어지고 부족한 출생아수가 이민 이입자수보다 더 많아질 때까지 계속 지속될 것이다.

1999년 12월 31일까지 유효한 독일 국적권을 가진 인구 집단은,

표10 빌레펠트 대학교 인구연구와 사회정책 연구소의 연령별 인구 추정

(단위 : 백만, 중간 변수)

연령층	1998	2010	2030	2050	2080	2100
20세 이하	17.7	15.0	12.0	9.7	7.8	7.1
20~40세	24.6	19.3	16.3	13.4	10.4	9.2
40~60세	21.9	25.9	19.9	17.0	13.1	11.4
60세 이상	17.9	21.8	29.4	27.8	21.7	18.3
80세 이상	3.0	4.5	6.6	10.0	7.6	6.3
총인구	82.1	82.0	77.5	68.0	53.1	46.1
노인 비율	38.6	48.3	81.3	91.4	92.2	88.7

합계에서 편차는 반올림으로 처리했음.

국적 변동을 고려하지 않는 상태에서는 1998년에서 2050년까지 구서독에서 5,960만 명에서 3,950만 명으로, 약 2,000만 명이 감소할 것이다. 구동독에서는 같은 기간 동안 1,500만 명에서 950만 명으로 감소할 것이다. 그리고 가설에 따른 모델 계산에 의하면, 2100년까지 구서독에서는 1,770만 명으로 줄어들 것이고, 구동독에서는 350만 명으로 계속 줄어들 것이다. 앞에서 말했듯이 2050년 이후의 결과들은 '예측'으로 오해해서는 안 된다. 이것은 순수한 모델 계산에 의해 나온 것으로, 수학적으로 검증 가능한 전제-결론 형태(전제가 이러하다면 결론은 이렇다)를 취하고 있다.

여성 1인당 출생아수에 변함이 없다면 독일 인구 집단의 감소 과정은 2050년 이후에는 더욱 심화될 것이다. 이와 반대로 이민자와

표11 빌레펠트 대학교 인구연구와 사회정책 연구소의 연령별 인구 추정

(단위 : %, 중간 변수)

연령층	1998	2010	2030	2050	2080	2100
20세 이하	21.6	18.3	15.5	14.6	14.6	15.6
20~40세	30.0	23.5	21.0	20.1	19.6	20.2
40~60세	26.7	31.6	25.7	25.7	24.7	24.9
60세 이상	21.8	26.6	37.9	39.6	40.9	39.3
80세 이상	3.7	5.5	8.5	14.5	14.3	13.2
총인구	100.0	100.0	100.0	100.0	100.0	100.0

합계에서 편차는 반올림으로 처리했음.

이들 자녀로 구성된 집단은 1998년에 740만 명에서 2050년에는 1,900만 명으로, 그리고 2100년에는 2,490만 명으로 늘어날 것이다. 이때 구서독의 이민자 비율은 구동독의 이민자 비율보다 높다. 독일 전체로 봤을 때는 매년 이민 이입자와 이출자의 차이가 17만 명이라는 전제에도 불구하고, 전체 인구는 1998년에는 8,210만 명에서 6,800만 명으로 약 1,400만 명 감소하는 것으로 나타난다. 17.2%가 줄어드는 것이다.

2050년까지 노년층 인구는 증가하고 젊은층 인구는 반대로 감소하는 양상으로 발전하기 때문에(표 10, 11) 인구 피라미드는 최종적으로는 양파와 비슷한 모양이 된다(도표 12~14). 이 때문에 평균 연령은 1998년에 39세에서 2050년에는 52세로 높아진다. 노인 비율

도표12 1997~2025년 독일 내 자국민과 이민자 연령 구조

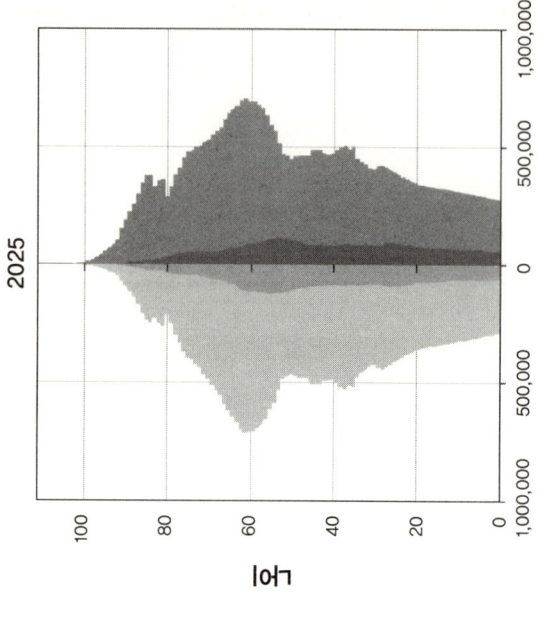

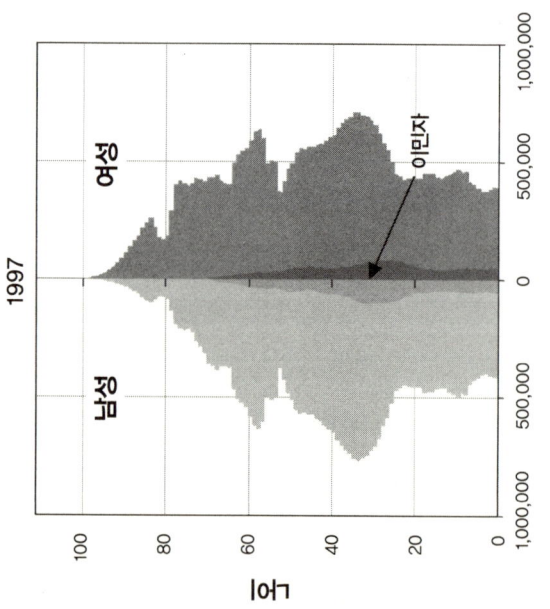

출처 및 데이터 : 헤르비히 비르크, 『인구학의 시대 변천』, 제4판, 2005년 원헨, 106쪽.

112 사라져가는 세대

도표13 2050~2100년 독일 내 자국민과 이민자 연령 구조

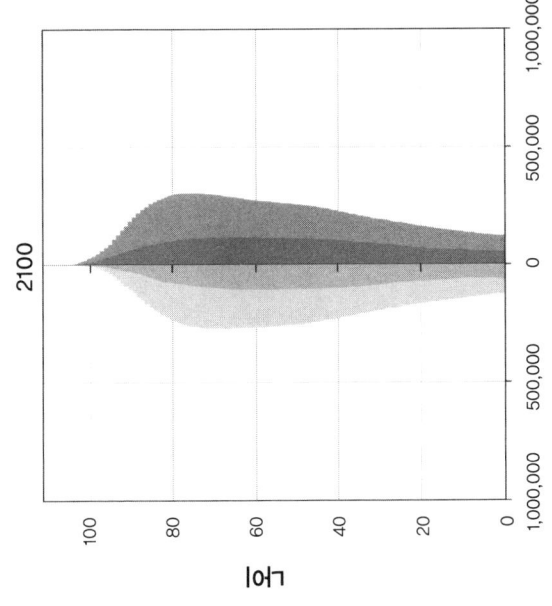

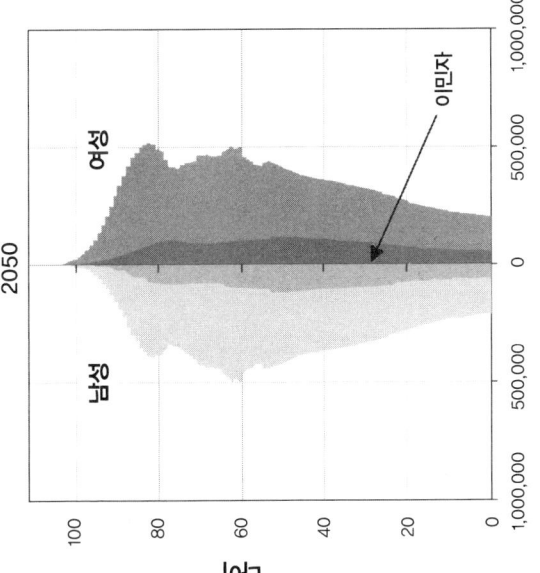

출처 및 데이터: 헤르비히 비르크, 『인구학의 시대 변천』, 제4판, 2005년 뮌헨, 107쪽.

독일의 인구 추정 113

도표14 연령별로 본 독일 인구 추이

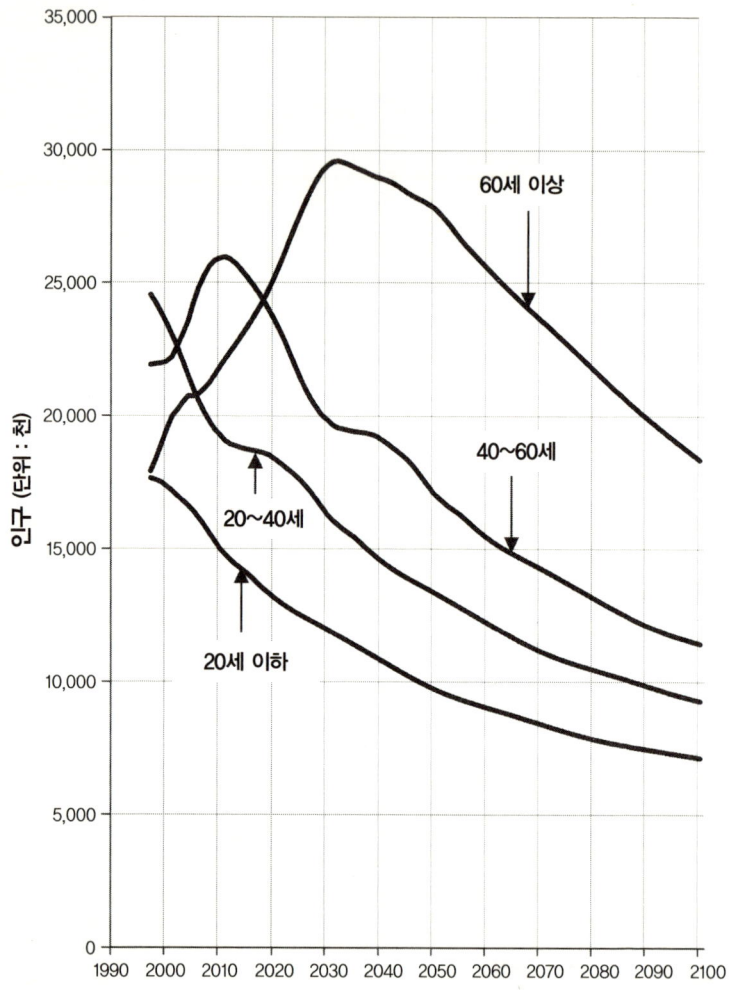

출처 및 데이터 : 헤르비히 비르크, 『인구학의 시대 변천』, 제4판, 2005년 뮌헨, 105쪽.

(20~60세 연령층에 대한 60세 이상 연령층의 비율)은 1998년에 38.6%였다가, 2050년에는 2.4배 증가하여 92.2%로 높아지고 21세기 말까지 약 90% 수준을 유지할 것이다(표 10).

나이 개념은 항상 그 의미가 변한다. 보건복지를 개선하고 건강을 유지하려는 노력 때문에 노년층은 건강이 눈에 띄게 좋아졌고 앞으로 더욱 좋아질 것이다. 인구 고령화를 더욱 세분화하여 서술하려면, 60세 이상 노년층을 60~80세 그룹과 80세 이상 그룹으로 각각 나누어야 한다. 백분율로 계산해보면 틀림없이 80세 이상의 연령층이 60~80세 연령층보다 더욱 빠르게 성장할 것이다.

결론

앞의 예측들을 기초로 하면 1998~2050년에 아이들과 청소년의 수는 약 800만 명 감소할 것이다. 총인구 대비 비율로 보면 21.6%에서 14.3%로 낮아지는 것이다. 20~60세 인구는 약 1,600만 명이 줄어들지만, 60세 이상 인구는 990만 명이 늘어난다. 60세 이상 인구는 비율로 보면 총인구의 21.8%에서 40.9%로 증가하는 것이다. 80세 이상 인구가 특히 크게 늘어, 300만 명에서 1,000만 명으로 증가하고, 총인구 대비 비율은 3.7%에서 14.7%로 높아진다. 2050년에 20세 이하 아이들과 청소년의 수는 80세 이상 노인의 수와 거의 비슷해지고, 60세 이상 노인의 수는 20세 이하 인구수의 3배나 될 것이다. 계산이 시작된 첫 해에 두 연령층의 수는 비슷했다.

Die ausgefallene Generation ▍

9
출산율이
감소하는 이유

다양한 선택을 위해, 그리고 잠재되어 있는 자신의 가능성을
제한하지 않기 위해 인생에서 결혼이라는 선택을 기피하고 미루는 사람들은,
결혼을 통해서만 얻을 수 있는 내부 세계의 또 다른 우주를 포기하는 것이다.

■ ■ ■

 아이에게 생명을 주어 이 세상의 빛을 보게 하는 일에 이유가 필요한 사람들은 출산에 대한 논쟁에서 반론을 펼칠 것이며, 출산 찬반양론을 신중히 고려할 때 출산에 대한 불확실한 마음은 더욱 고조될 것이다. 사람들은 1960년대에 믿을 만한 피임법이 생겨난 이후, 대부분의 경우 계획에 맞춰 임신할 수 있기 때문에 모두 진정으로 원해서 아이를 낳는다고 생각하기 쉽다. 하지만 임신과 출산의 경위에 대해 1950년과 1955년에 태어난 남녀 수백 명을 집중적으로 인터뷰한 결과 놀랍게도 좀 다른 결과가 나왔다. 40%의 아이들이 계획된 임신으로 태어난 것이 아니라, 임신의 위험을 안고 있는 유희적 성관계로 태어났다는 것이다.
 이런 상반된 내용의 조사결과를 앞에 두고 100년이 넘게 지속되어 온 독일의 출산율 감소 이유를 파악하려면, 이러한 조사결과를 다양한 관점에서 주목해봐야 한다. 시계의 내부를 들여다보면 숫자판만 볼 때는 결코 알 수 없는 시계가 돌아가는 이유를 알 수 있지만, 반대로 태엽장치만을 들여다본다면 현재 시각은 알 수 없다. 유전학적으로 모든 사람은 우주 역사상 확률 법칙에 따라서 결코 자신과 똑같은 사람이 태어날 수 없는 유일한 개체이다. 마찬가지로 각 개인이 아이를 낳는 것에 찬성한다든지, 반대한다든지, 아니면 운명에 맡기든지 간에 아이를 낳는 이유도 모두 다를 수 있다. 양동이 같은 간단한 사물의 외형도 위에서 보면 원과 같고 측면에서 보면 사각형처럼 보이는데, 인간의 출산 행위 같은 복잡한 현상이 어찌 간단한 방법으로 해석될 수 있겠는가.

다양한 학문 분야에서는 출산 행위를 각기 다른 견해로 보고 있다. 경제학, 사회학, 생물학은 인구학 분야에서 주도적인 역할을 하기 위해 경쟁을 벌이고 있다. 그러나 인구학은 제2차 세계대전 후에 독자적인 학문으로 등장했고, 이후 다른 학문이 지금껏 제시하지 못했던 질문과 답변을 제시하는 사례가 늘고 있다. 인구학은 18세기 고전주의 시대에 이미 그 싹을 틔웠던 것처럼 앞으로도 아마 주도적인 학문의 역할을 수행해낼 것이다. 18세기 고전주의 시대에는 맬서스의 인구론이 승승장구했기 때문에 200년 동안 인구학이 발전하지 못했다.

그렇다면 현재의 상황은 어떠한가? 경제학자들은 아이를 낳을 것인지, 낳지 않을 것인지에 대한 잠재적 부모들의 결정을 소비상품 혹은 장기투자 상품을 구매할 것인지를 결정하는 선택 행위와 같은 것으로 본다. 동시에 이들은 아이들을 교육하면서 감수해야 할 소득 상실과 아이들이 가져오는 '소비 이익과 투자 이익' 같은 물질적 · 정서적 장단점도 고려한다. 경제학자의 견해에서 보면, 여기서

'소비 이익과 투자 이익'이라는 것은 자본재가 소유주에게 수익을 가져다주는 것처럼 부모에게 아이들이 가져다주는 이익을 말한다. 이때 경제학자는 다른 경제 재화와 달리 부모의 입장에서 아이들이 이익을 가져다줄 것인지 일단 의심이 간다 할지라도 부모가 아이들을 매도해버릴 수 없다는 사실을 고려하지 않는다. 인간이라는 존재를 '소비 상품'으로 보면서 출산 행위를 설명하려는 것은 적절치 못한 것으로, 이것은 사람들이 자신의 눈으로는 자신의 맹점을 보지 못하듯이 경제학자들 스스로도 인식하지 못한 맹점이라고 할 수 있다.

학문의 각 분야마다 이러한 맹점이 존재한다. 대부분 다윈에 바탕을 두는 생물학적 인류학은 인간 번식을 전적으로 생물학적 요인에 의한 것으로만 보고 문화적으로 습득한 인간의 자유 결정권이라는 요소는 간과한다. 사회학은 출산 행위에 영향을 주는 가치와 규범을 비롯한 모든 사회적 가치와 규범의 통용을 보장하는 것이 사회를 구성하는 개인이라는 사실을 배제한 채 사회의 영향만을 절대시한다. 독일 사회학자 니클라스 루만(Niklas Luhman, 1927~1998)은 인구 이론과 상관없이 사회 이론을 만들어냈는데, 이것은 "대머리를 곱슬머리로 만드는"[오스트리아 출신의 작가 겸 시사평론가인 카를 크라우스(Karl Kraus, 1874~1936)는 문예작가들의 기교를 이렇게 표현했다] 전혀 말도 안 되는 예술 작품을 완성해낸 것과 같다.

물론 인구학 역시 그 나름대로 맹점을 가지고 있다. 그렇다면 어느 곳에서 그러한 맹점이 나타나는가? 인구학은 자신의 영역 이외의 무언가를 위해서도(예를 들면 인간 사회의 존속을 위해) 학문의 토대로서 인구학적 지식이 이용되어야 한다는 맹목적인 환상을 가지고 있다. 하지만 지금까지의 경험에서 비춰보면 생각 속에서만 가지고 있는 견해를 드러내거나 미래의 사학자들에게 역사 서술에 필요한 체계적인 도표 자료를 제공하여 인구학의 유용성을 보여줄 수는 있을 것이다. 어쨌든 인구학자들은 지금까지 미래 설계를 위해서가 아니라 일차적으로 과거 서술을 위해 일해온 것이 사실이다. 따라서 다음에 살펴본 출산율 감소 원인은 노출되거나 은폐된 정책 지침이 아니라 실제 결과를 있는 그대로 서술한 것으로 이해해야 한다.

먼저, 지난 100년간 독일의 출산율 감소에 대한 수많은 원인들 중에는, 20세기의 역사적 전환점과 관련된 눈에 띄는 일련의 사건들이 있다. 제1, 2차 세계대전과 1932년 세계경제공황 동안의 엄청난 출산율 감소, 독일 통일 이후 사회체계 및 경제체계 변화에 따른 구동독의 출산율 감소를 예로 들 수 있다. 이들 사건 때문에 최근 몇 년간 과거 수준을 다시 회복할 수 없을 만큼 출생아수와 출산율은 절반 정도로 줄었다.

인구 변동의 원인이 되는 사건으로 동구권의 붕괴, 유럽연합의 동구권 확장, 특히 북아프리카와 유럽의 서아시아 배후 지역에서의 이민 증가를 꼽을 수 있다. 독일에서는 이미 30년이 넘게 그 규모가 점점 작아지고 있는 같은 해에 태어난 사람들의 수가 이민으로 보충되고 있어서, 자국 내 출산율 증가를 통해 새로운 인구 변동을 꾀하려는 정치 목표가 더 이상 존재하지 않는다. 물론 제2차 세계대전 이후 이러한 목표가 있었던 적도 있다.

출산율 감소와 인구 보충의 의미를 갖는 이민 증가의 관계를 추정하다 보면, 왜 지금까지 역사학자, 사회학자, 정치학자가 모두 이 관계를 간과해왔는지 생각해볼 수 있을 것이다. 아마도 독일의 인구 현상을 인식하고 분석하는 과정에서 이러한 관계를 간과했다는 사실 자체가 바로 이들 학문의 맹점일 수도 있다.

두 번째로, 출생년도가 같은 인구수가 점점 줄어드는 원인을 살펴보자. 예를 들어, 1940년대와 1950년대에 태어난 사람들은 자신들이 가족을 형성할 시기에 여성 해방 운동과 반권위주의적이고 반가정적인 자아실현 이데올로기의 영향에 대해 논쟁을 벌였고, 그 논쟁의 결과는 오늘날까지도 영향을 미치고 있다. 경기 순환 및 경제 성장 순환의 상승 국면과 침체 국면도 같은 해에 태어난 사람들에게 영향을 미치는 요인이다. 예를 들면 1950년생 동갑내기들이 직업을 가질 시기인 1970년에 접어들었을 때, 노동시장은 0.8%의 최저 실업률을 보였기 때문에 직업적 상승의 기회가 많았다. 이에 반해 5년 늦게 태어난 1955년생 동갑내기들은 1973년 석유 가격 상승으로 인한 경제 위기 때문에 실업률이 5%가 되는 상황을 겪었고, 이로 인해 당시 직업 전망은 불투명했다. 조사 결과, 1950년생 동갑내기들은 평생 아이를 갖지 않는 비율이 평균 이상으로 무척 높게 나타났으며, 가족을 형성할 나이(20~25세)가 되었을 때의 노동시장 상태는 양호했다는 것이 밝혀졌다. 이로써 사람들 대부분은 직업적 목표의 실현을 가정 형성의 목표보다 우선시한다는 결론을 내릴 수 있다.

세대별 출산율에 영향을 미치는 요인의 예로는 결혼법, 이혼법,

친족법 영역에서의 제도적 장치, 법적 규제, 가족 정책에 따른 여러 가지 조치 등을 들 수 있다. 예를 들면 교육비, 육아 휴가의 도입, 부모의 연금보험에 양육 시기를 인정하는 것(1986년 실시. 아이를 양육하는 시기도 포함하여 평균 수입을 계산해서 국가가 연금을 지불해야 하는 것), 법적 간병보험의 보험료율 책정시 아주 작지만 양육 성과를 인정해서 반영하는 것처럼 유치원 교육권도 반영해서 책정하는 것 (2005) 등이 이에 해당한다.

이러한 예들 이외에도 특별한 의미를 지니는 것은, 1957년의 대폭적인 연금 개혁과 당시 도입된 법적 건강보험과 간병보험의 기반이 되는 분담금 제도이다. 1957년의 대폭적인 연금 개혁으로 노인복지에 대한 집단적 요구 사항들이 나타나기는 했지만, 해당 요구 사항들을 충족하기 위해서는 더 많은 아이를 출산하여 미래의 보험 납세자를 양육할 필요가 있었고, 결국 이 과업이 각 가정에 부과되었다.

하지만 필자의 견해로 볼 때 이 연금 개혁은 헌법의 평등 원칙에 위배된다. 헌법이 자식이 없는 집단에게 혜택을 주는 것은 "결혼한 사람들과 가정은 국가법에 의해 특별한 보호를 받는다"라는 기본법 6조를 무시한 것이다. 이 사태를 사회복지 관계 행정재판소 판사인 위르겐 보르헤르트(Jürgen Borchert)는 "가족으로 전이된 착취"라고 말한다.

헌법에 관련된 이 소동은 어쩌면 독일 사회의 문화적 본질과 법치국가적 문화에 파괴적인 영향을 미쳤을 수도 있다. 이러한 개혁 때문에 아이를 갖겠다는 사람들이 줄어들고 있으며, 앞으로 사람들은 가족이 중심이 되는 정책을 펴는 정치인을 선택하려고 하지 않을 것이다.

법적 연금보험, 건강보험과 간병보험의 반가정적인 결함을 안고 있는 제도는 제2차 세계대전 이후에 출산율이 감소하게 된 중요한 원인이다. 하지만 사회보장제도의 개혁을 통해 이러한 결함이 있는 제도를 없애려 한다 해도, 각각의 원인들이 세상에서 없앨 수 없을 만큼 너무나 뿌리 깊기 때문에 개혁을 통해서도 문제는 해결되지 않을 것이다. 이들 원인 이면에는 19세기 말 이후 세계적인 출산율 감소 현상을 일으킨 전무후무한 동갑내기들이 있다. 따라서 이들을 하나의 고유한 세 번째 그룹으로 묶는 것은 의미가 있다.

1940년 이후에 태어난 모든 동갑내기 여성들의 공통점은 자녀를 낳지 않는 비율이 점점 늘어난다는 것이다. 남성의 경우도 마찬가지로, 일반적으로 여성보다 자녀 없는 사람의 비율이 더 높다. 1940년생 동갑내기 여성의 경우 10.6%, 1950년생 동갑내기 여성은 15.8%, 1960년생 동갑내기 여성의 경우 32.1%가 자녀가 없는 것으로 나타났다. 이와 함께 평생 한 자녀를 두는 비율은 1940년생 동갑내기 여성의 경우 26.4%였지만, 1965년생 동갑내기 여성의 경우는 17.6%로 감소했다. 두 자녀를 두는 비율은 34.1%에서 31.2%로 아주 약간 감소했다. 세 자녀를 두는 비율은 18.5%에서 11.1%로 크게 하락했으며, 네 자녀 이상을 두는 경우는 10.4%에서 8.1%로 하락했다. 네 자녀 이상을 둔 대가족의 비율은 세 자녀를 둔 가족의 비율보다 아주 약간 감소했는데, 이는 외국으로부터 이주해온 이민자 때문이다. 1990년대 초에 이미 네 자녀 이상을 둔 부모 가운데

42%가 외국에서 이주해온 이민자였다.

이 수치들은 각각의 동갑내기들이 자녀를 낳은 집단과 낳지 않은 집단으로 양분되어가고 있음을 보여준다. 독일의 경우 한 자녀를 둔 가정이 지배적이라는 주장은 근거가 부족하다. 이보다 훨씬 더 전형적인 가정의 형태는 두 자녀를 둔 가정이다. 가정을 꾸리면 대체로 한 자녀보다는 두 자녀를 갖는 것이 더 일반적이며, 두 자녀 가정은 한 자녀 가정의 거의 2배에 이른다. 이렇게 두 자녀를 둔 가정이 지배적인데도 불구하고 출산율이 1.3명 내지 1.4명으로 나타나는 것은 아이를 전혀 낳지 않는 사람이 많기 때문이다. 시골 지방이나 이민자의 출산율이 높은 이유는 시골 거주자나 이민자 중에서는 평생 동안 자녀를 낳지 않는 비율이 낮기 때문이다. 통일 전 동독의 출산율 역시 같은 이유로 구서독의 출산율을 상회했다.

물론 이런 조사 결과들은 아직 출산율 저하의 심각한 이유들을 밝혀주지는 못하고 있지만, 그것들을 찾기 위한 출발점은 제시해주고 있다. 하지만 아직 갈 길이 멀다. 사회학적 또는 경제학적 배경을 가진 많은 일시적 인구학자들은 이 책에서 대략 소개한 인구 분석을 불필요한 우회라고 여긴다. 이들은 사람들을 대상으로 설문조사하는 것이 출산율 감소의 원인에 대한 정보를 얻는 가장 직접적이고 간단한 방법이라고 믿고 있다. 현재까지 이런 설문조사를 출산 행위에 대한 학문적 근거로 삼은 연구들은 100개가 넘는다. 이 연구들에서 무엇을 얻어낼 수 있을까?

몇몇 설문조사의 경우, 사람들은 처음 질문을 받고 몇 년 후에 다시 이상적인 아이의 수, 원하는 아이의 수에 대해 재차 질문을 받게 된다. 이때 인터뷰 대상자들은 질문을 받은 당시 실제 자녀의 수를 말하는 경우가 빈번하다. 몇 년 전 같은 설문조사에서 아이가 전혀 없거나 현재보다 적은 사람들 대부분이 같은 질문에 다른 대답을 했었다. 인터뷰를 통한 방법은 설문 결과를 '제대로' 해석하기 위해 대부분 비용이 많이 드는 분석 방법을 거쳐야 하기 때문에, 곧바로 목표를 달성하기가 힘들다. 그리고 응답자들이 사회적으로 바람직한 방향으로만 대답한다면 해결할 수 없는 문제에 부딪히게 된다. 예를 들면, 일반 사람들은 임신 여부를 결정하는 데 경제적인 요인이 굉장히 중요한 역할을 한다고 생각하는 반면, 모든 연구 프로젝트는 사회적으로 바람직한 방향의 답을 얻기 위해 임신 여부를 결정하는 데 중요한 요인으로 경제적 요인을 제시하기를 꺼려한다.

아이를 적게 가지거나 아예 낳지 않는 이유를 묻는 질문에 사람들이 대답한 또 다른 이유는 '파트너 부족'이다. 응답자의 3분의 2 이상이 저출산율의 가장 중요한 이유로 '파트너 부족'을 꼽았는데, 이들은 파트너 부족을 보호 시설의 부족과 적은 국가적 지원 비용보다 훨씬 더 중요한 원인으로 본 것이다. 이 대답 배후에는 그 이상의 것이 숨겨져 있는 것이 분명하다. 모든 동갑내기 여성들에게 있어서 여아와 남아의 출산 비율이 100 : 106 정도인데, 모든 연령층에서 성인이 될 때까지 남성 사망률이 높은 탓으로 여성 대 남성의 비율은 100 : 100에 가까워질 것이다. 하지만 통계상 모든 동갑내기들의 경우 남자 1명당 여자도 1명이라면 출산율 부족은 파트너 부족에서 비롯된 것이 아니라, 파트너와 인연을 맺는 능력과 인연을 맺으려는 마음이 점점 사라지고 있는 것과 관련이 있다고 봐야 할 것이다.

게다가 역동적인 경제적·사회적 생활 여건 때문에 이성과 인연을 맺는 것에 반감을 가질 수도 있다. 다시 말하면 시간적 유연성과 공간적 유동성을 노동시장이 요구하기 때문에, 파트너 간에 중요한 무조건적인 믿음이라는 미덕을 키워나가기 힘들다. 믿음은 결혼의 위험 부담을 받아들이려는 마음가짐을 갖게 하는 전제 조건이라고 할 수 있다. 결혼을 하지 않고 동거 생활만을 하는 것도 파트너 간의 인연을 계속해서 지속시키지는 못했다. 어쨌든 살아본 뒤에 결혼한 파트너 간의 이혼 가능성이 동거 기간을 갖지 않고 결혼한 파트너의 경우보다 더 낮지는 않다. 이 결과로 파트너십이라는 형태가 부모나 가족이라는 새로운 삶의 형태로 변할 것이라고 판단해서는 안 된다. 파트너십과는 달리, 부모로서의 신분과 가정의 일원이 된다는 것은 취소할 수 없는 것이고, 어머니나 아버지가 되는 것은 한평생 축복이자 의무이다.

한 개인의 인생에서 결혼은 두 사람의 공간과 시간을 조율해야 하는 문제를 일으킨다. 파트너 두 사람 모두가 직장 생활을 한다면 언젠가는 틀림없이 직업적인 이유로 한 사람이 직장과 주거지를 옮겨야 하는 경우가 생기게 될 것이고, 나중에 또 다른 한 사람에게 이러한 일이 일어나면 두 사람은 각자 새로운 주거지에서 살아야 하는 어려움에 부딪히게 될 것이다. 한 사람의 인생에 다른 한 사람이 맞춰야 한다면 한 사람의 경력에 방해가 될 수도 있고, 만약 상대방에게 맞출 준비가 되어 있지 않다면 헤어지는 일도 종종 발생할 것이다.

  결혼하는 사람은 점점 줄고 이혼하는 사람이 점점 늘어나는 것은, 어울리는 파트너가 부족해서가 아니라 동거나 결혼 생활을 성공적으로 해나갈 수 있는 사회적·경제적 조건들이 점점 더 어려워지고 있기 때문이다. 우리가 사는 경제 사회 및 경쟁 사회에서 직업적 성공을 이루는 일과 가정을 꾸리는 일은 상호 배타적인 것으로 인식되고 있고, 우리 사회의 유형은 인생 행로를 점점 더 어렵게 만들고 있다.

  구조가 계속 변화하는 현대 사회에서 결혼 생활이 실패할 위험성은 앞으로도 계속 증가할 추세여서, 자녀의 유무에 따른 사회 분할이 심화될 것이고, 출산율은 계속 감소할 것이다. 동시에 무자녀 비율이 여전히 훨씬 적은 이민자들이 결혼 실패율이 높아가는 이러한 추세에 얼마나 잘 적응할 수 있을지, 또 이민자들이 결혼을 하지 않는 이례적인 인생 계획을 따를 것인지는 미지수이다. 수십 년간 여성 1인당 출생아수가 1.3명 내지 1.4명으로 거의 변함없는 독일 전체 출산율의 이면에는 고도의 역동성이 감추어져 있다. 출산율 감소 추세에 있는 순수 독일인 인구는 독일 전체 출산율 하락에 영향을 미치며, 이민 인구수의 증가는 거꾸로 독일 전체 출산율 상승에 영향을 미친다. 지금까지 이러한 현상은 서로 보충 관계에 있었기 때문에, 1980년대 이후 출산율은 전체적으로 거의 변동이 없었다.

  첫 아이를 낳기로 결정한다면 결혼 생활이 실패할 위험은 최고치에 달한다. 첫 아이를 낳고 둘째, 셋째를 낳기로 결정하는 것은 첫 아이를 낳기로 결정한 것과는 기본적으로 차이가 있다. 둘째, 셋째

표12 1940~1965년에 태어난 독일 여성들의 자녀 비율

연도	여성 100명당 출생아수					여성 1인당 출생아수
	무자녀	1명	2명	3명	4명 이상	
1940년	10.6	26.4	34.1	18.5	10.4	1.97
1945년	13.0	30.4	34.6	14.0	8.0	1.78
1950년	15.8	29.4	34.3	13.1	7.4	1.70
1955년	21.9	24.9	33.5	12.5	7.3	1.61
1960년	26.0	21.6	32.4	12.4	7.7	1.57
1965년	32.1	17.6	31.2	11.1	8.1	1.48

출처 : 헤르비히 비르크/E.-J. 플뢰트만, 가족 구조의 발전…, 인구연구와 사회정책 연구소 간행, 38권, 1996년 빌레펠트 대학교, 표 3과 4. 31쪽, 35쪽.

아이를 낳는 것은 이미 부모가 된 상태에서 맞는 변화인 반면, 첫째 아이를 낳으면서 새롭게 얻게 되는 부모라는 사회적 신분은 돌이킬 수 없는 것이다. 이를 테면 다른 세계로 들어서는 것이다. 그렇기 때문에 1940~1965년에 태어난 여성들 가운데 무자녀 비율은 10.6%에서 32.1%로 상승했다. 1940년 이후에 태어난 여성들의 가족 구조는 분명하다. 대략 여성의 3분의 1은 무자녀로 지내며, 3분의 1은 두 자녀를 두고 있고, 나머지 3분의 1은 한 자녀나 세 자녀 이상을 두고 있다. 이때 세 자녀를 둔 여성의 비율이 한 자녀를 둔 여성의 비율보다 높다(표 12).

다양한 선택을 위해, 그리고 잠재되어 있는 자신의 가능성을 제한하지 않기 위해 인생에서 결혼이라는 선택을 기피하고 미루는 사

람들은, 결혼을 통해서만 얻을 수 있는 내부 세계의 또 다른 우주를 포기하는 것이다.

독일 사람들은 자신의 삶을 가족이나 사회가 제시하거나 추천하는 유형에 맞춰야 한다고 생각하지 않고, 그 성공과 실패의 책임이 자신에게 있는 일종의 개인 프로젝트라고 생각하고 있다. 사람들이 아이를 적게 낳는 이유를 묻는 것보다 삶의 역경에서 아이를 낳아 어떻게 키울 수 있는지를 묻는 것이 더 옳을지도 모른다.

무엇보다도 45세 이상 여성들의 임신과 출산 능력은 생물학적 측면에서 거의 소멸되었음을 간과해서는 안 된다. 출산 빈도는 여성의 연령과 아주 깊은 상관관계가 있다. 15~19세 연령대의 여성 100명을 관찰한 결과, 이들 그룹은 1년에 4~5명의 아이를 낳는다. 20~24세 연령대에 있는 여성 100명이 낳은 아이의 수는 약 24명이고, 25~29세와 30~34세 연령대에 있는 여성 100명이 낳은 아이의 수는 각각 41명이다. 더 나이가 많은 연령대에 있는 여성들이 낳은 아이의 수는 더 감소해서, 35~39세는 19명, 40~44세는 3~4명, 45~49세는 0.15명으로, 반올림해 계산하면 제로가 된다. 15~49세의 모든 연령대를 놓고 보면 여성 100명당 134명의 아이를 낳은 것으로 집계되어, 여성 1인당 출생아수는 1.34명인 것으로 나타났다 (2003년 데이터).

제2차 세계대전 이후, 종 모양의 연령 분포에 2가지 변화가 나타났다. 먼저 평균 출산 연령이 앞쪽에 위치했었는데, 나중에는 평균 출산 연령이 뒤쪽으로 이동했다. 다시 말해 평균 출산 연령이 높아졌다는 것이다. 평균 출산 연령이 높아지면서 종 모양의 곡선이 계

표13 연령별로 세분화한 독일 여성 1인당 출생아수

연령층	여성 100명당 출생아수[1]	
	2000년	2003년
15~19세	1.01	0.91
20~24세	5.27	4.70
25~29세	9.08	8.41
30~34세	8.19	8.19
35~39세	3.40	3.75
40~44세	0.62	0.68
45~49세	0.02	0.03
합계[2]		
15~44세	137.73	133.87
15~49세	137.85	134.02

1) 5세 단위로 묶은 각 연령층 여성 100명당.
2) 합계=모두 더한 값 × 5.
데이터: 2005년 연방 통계청.

속 오른쪽으로 이동하면서 35세 이상 여성 1인당 출생아수는 증가했지만 30세 이하의 여성 1인당 출생아수는 감소했다. 이러한 변화들은 서로 완전히 상쇄되어 수십 년간 출산율은 거의 변하지 않고 있었다. 하지만 2000년 이후에 35세 이상 여성의 출산율 증가는 젊은층의 계속되는 출산율 감소를 따라가지 못해, 총 출산율은 아주 미약하기는 하지만 감소하고 있다(여성 1인당 출생아수는 2000년에 1.38명에서, 2003년에는 1.34명으로 감소했다).

2003년에 15~49세 여성 100명당 출생아수는 134명이었고, 그중 35~49세 여성에게서 태어난 아이들이 17%를 차지한다. 35~49세 여성의 출산율이 2배가 된다 해도 출생아수는 134명에서 156명으로 소폭 증가하는 데 그칠 것이다. 그 가운데 40~49세 여성의 출생아수 비율은 2.6%, 45~49세 여성의 출생아수 비율은 약 0.1%를 차지한다. 노년층의 비중은 아주 미미해서, 40~49세 여성의 출산율이 3배가 된다 해도 출생아수는 134명에서 145명으로 소폭 증가할 것이다. 45~49세 여성의 출산율이 10배가 되면 출생아수는 134.0명에서 135.5명이 될 것이고, 그렇게 되면 여성 1인당 출생아수는 1.340명에서 1.355명으로, 소수점 이하 두 번째와 세 번째 자리에서만 변화를 보일 것이다.

이러한 예측은 최근에 막스 플랑크 인구학 연구소가 내놓은 주장들을 반박하는 것이다. 막스 플랑크 인구학 연구소에 따르면, 평균 출산율이 낮은 이유는 평균 출산 연령이 높아지고 있기 때문이다. 하지만 평균 출산 연령층에서 평균 출산 연령보다 낮은 연령층의 출산율이 낮은 것을 상쇄할 수 있을 정도로 출산율을 높이면 결국 총 출산율이 상승할 것이라는 것이다.

독일에서는 출산율이 다시 눈에 띄게 상승하지는 않은 채 출산 연령이 높아지고 있다. 2000년 이후에는 출산 연령이 높아지는 현상이 계속 진행되고 있는데도 30세 이하 여성의 출산율이 계속 감소하고 있기 때문에 총 출산율은 감소하고 있다. 평균 출산 연령이 높아지는 것도 생물학적 이유로 한계에 부딪히게 되면(예상했던 일이다) 출산율은 지금보다 더 현저히 감소할 것이다.

도표15 구서독과 구동독의 1935~1965년에 출생한 여성들의 무자녀 비율 (단위 : %)

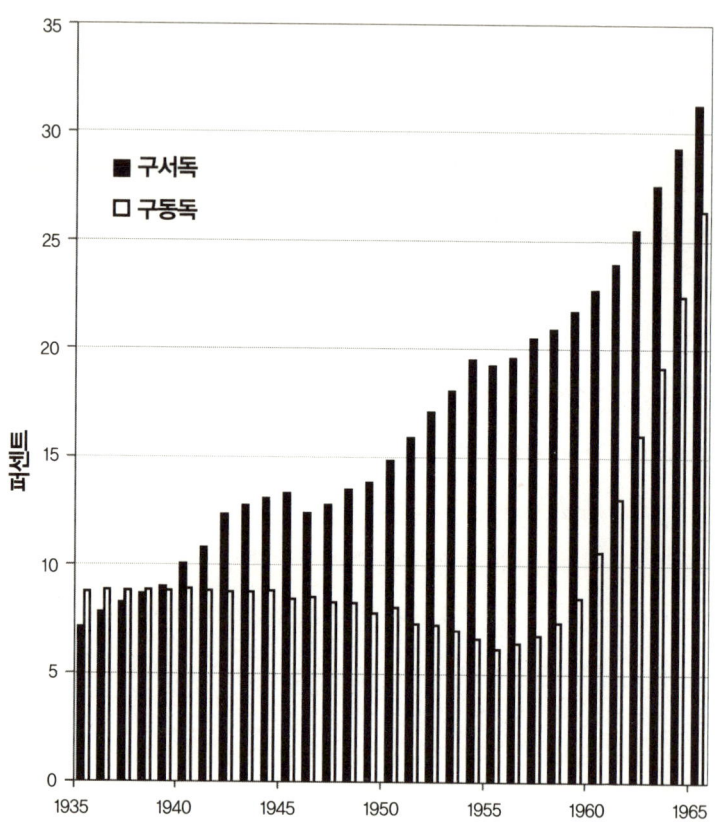

출처 : 헤르비히 비르크, 빌레펠트 대학교, 2005년

데이터 : BiB 보고, 연방 통계청 내 인구조사 연방 연구소 자료, 2/99, 20번째 연감, 14쪽.

도표16 독일의 1949~2003년 출생과 사망 전개 및
2100년까지의 추정

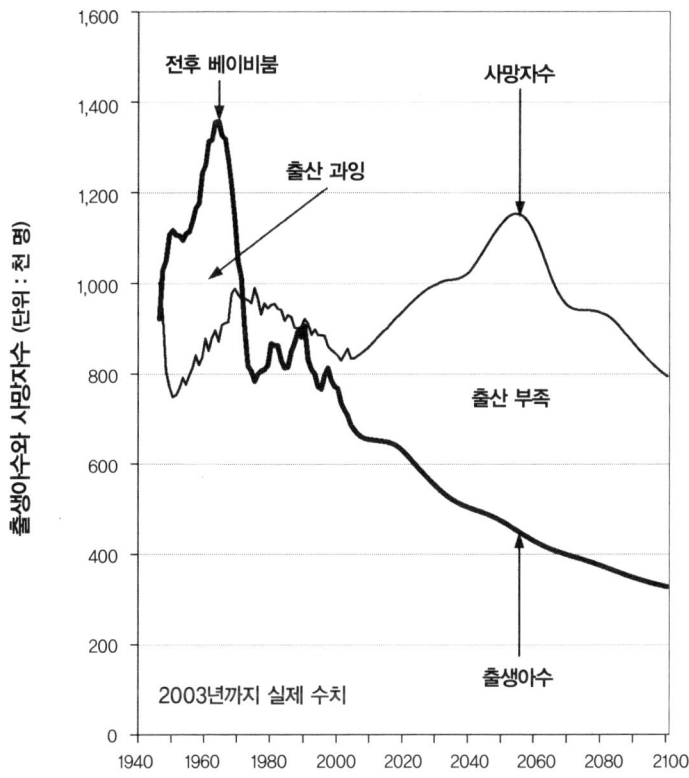

전제 : 여성 1인당 출생아수 = 1.4
평균 수명은 2080년까지 남성은 84세, 여성은 90세로 연장.
연간 이민 이입자 - 연간 이민 이출자 = 15만 명

출처 : 헤르비히 비르크/플뢰트만, E.-J./프라인, T. 및 슈트뢰커, K : 21세기 구서독과
구동독 지역에서의 인구 발전 시뮬레이션 추정, 인구연구와 사회정책 연구소 자료, 45권,
빌레펠트 대학교, 1998년 빌레펠트, 제5판, 47쪽.

Die ausgefallene Generation

10
평균 수명의 연장과
인구 고령화의 장기 경향

어떤 상황에서든 자신이 선택할 수 있는 인생의 다양성이 아주 적거나
더 이상 없는 사람은 늙은 사람이다.
이러한 정의에 따르면, 몇 년 후면 젊은 사람도 늙을 수 있고
나이 든 사람도 젊어질 수 있다.

■　■　■

　지난 100년간 독일의 평균 수명은 연간 평균 4개월씩 길어졌다. 1890년대와 2003년에 최종 등록된 결과들을 비교해보면, 이런 추세로 인해 평균 수명이 남자의 경우 40.6세에서 75.6세로 연장되었으며, 여자의 경우 44.0세에서 81.3세로 연장되었다. 이런 추세는 앞으로 계속될 것인가? 상한선은 있는가? 있다면 그 상한선은 몇 세까지인가?

　상승 성장 곡선은 직선이 아니라, 연간 성장이 처음에는 큰 폭으로 증가하다가 나중에는 성장 정도가 감소하여 S자 형태를 보이고 있다(도표 17). 예를 들어, 지난 10년간은 1년에 4개월이 아니라, 3개월이 채 못 되는 상승세를 보였다. 상승세의 감소는 상한선이 존재한다는 것을 말해주는 것처럼 보인다. 연도별로 최고 평균 수명을 기록한 주들을 X축인 시간축에 대입하여 다른 그래프를 그릴 경우, 각각의 주들이 나타내는 수치의 점들을 연결하면 직선이 되는데, 이것으로는 상승세의 약화 추세를 알 수 없다. 현실 세계에서는

도표17 1750~2003년 독일 남녀 평균 수명 및 2050년까지의 추정치

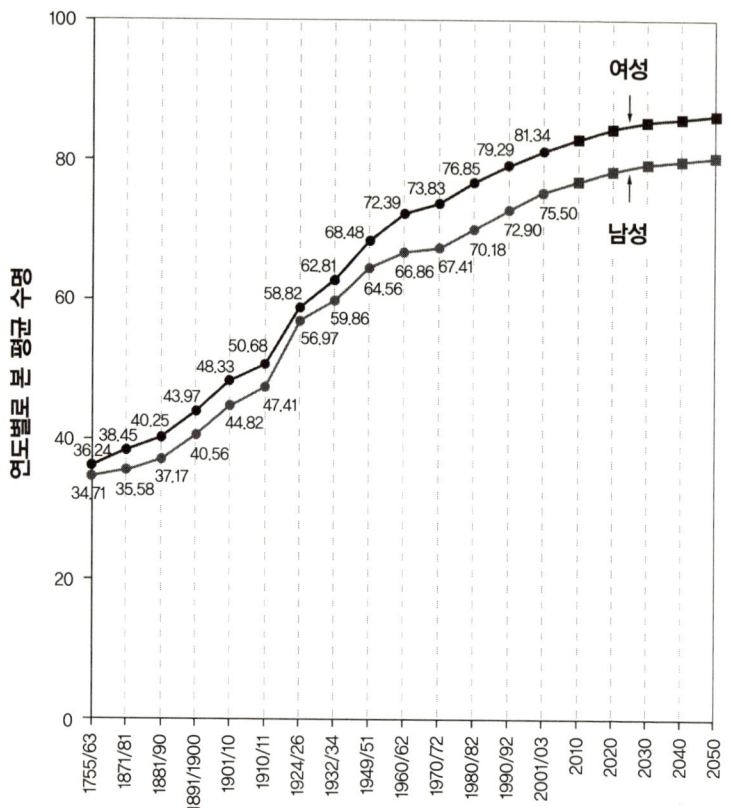

출처 : 헤르비히 비르크, 빌레펠트 대학교, 2005년.
데이터 : 연방 통계청.

무제한으로 성장하는 직선을 결코 볼 수 없다 해도, 낙관론자들은 이것으로 앞으로도 계속 이 선이 직선 형태를 유지할 것이라고 추론한다. 이상하게도 막스 플랑크 인구학 연구소의 이러한 견해는 막스 플랑크 협회 소속의 막스 플랑크 분자유전학 연구소의 견해와

대조를 이룬다.

인체 세포가 재생 능력을 잃으면 사람은 죽는다. 현대 인간유전학에 따르면, 인체 세포의 죽음은 인간을 포함한 다세포 유기체들의 생명에 필수적인 전제 조건이다. 세포가 죽음으로써 나무는 하늘 끝까지 자라지 않는 것이다. 분자유전학에 따르면, 의학 기술의 진보가 이루어진다 해도 죽는다는 사실을 바꿀 수는 없다.

유전학적 생명의 상한선은 사람마다 다르다. 몇몇 사람은 수명이 100세 이하이거나, 30세 이하, 또 다른 사람들은 100세 이상이 되기도 한다. 관련 서적에는 유전적 측면에서 본 인간의 평균 수명이 약 120세라고 나와 있다. 평균 상한선이 130세에서 150세까지도 가능하다는 주장은 현대 인간유전학의 측면에서 보면 공상과학에 불과하다.

학문은 납득할 만한 노화 이론을 제시하지 못하고 있다. 인간의 생명과 생명 연장 가능성에 대해 진지한 학문적 견해를 밝히려면 믿을 만한 이론을 전제로 해야 한다.

서로 모순되는 노화 이론들은 화합하지 못한 채 대립하고 있다. 이 가운데 한 이론에 따르면, 인간 생명은 다세포 유기체들과 마찬가지로 작동 시간이 제한된 시계와 같다고 한다.

경쟁 관계에 있는 또 다른 이론에 따르면, 인간 수명이 지금까지는 계속 증가하고 있기 때문에 인간 생명을 작동 시간이 제한된 시계에 비유한 그 이론은 틀리다고 말한다. 경쟁 관계에 있는 이 이론가들은 작동 시간이 지속적으로 증가할 것이라고 다소 성급한 결론을 내린다. 무제한으로 늘어나는 인간 수명에 대한 가설은 프랑스 계몽주의 시대에 이미 마르키 드 콩도르세(Marquis de Condorcet, 1743~1794)가 제시한 바 있다. 하지만 당시 그가 이것을 얼마나 진지하게 주장했는지는 분명치 않다. 연구자들은 자신들의 연구결과를 수학적 공식으로 정확하게 표현하는 것을 좋아하지만, 오늘날 이러한 가설을 다시 주장하는 연구자들의 표현은 이상하게도 애매모호하고 정확하지 않다. 사람들은 일반적으로 학문적 주장이라면 정확할 것이라고 기대하며, 무책임한 학문적 주장은 대부분 외면한다. 하지만 인간의 평균 수명에 대한 주장은 예외이다. 무한한 생명을 믿고 싶어하지 않을 사람이 어디 있겠는가.

독일에서는 1987년 이후 인구조사를 하지 않았기 때문에 노화 현상에 대한 의문을 설명하는 데 필요한 데이터들을 관청의 인구 통계에서 찾아내기 어렵다. 1987년 이후의 다양한 연령 그룹과 지역주민의 수에 관한 데이터들은 모두 인구 자료를 업데이트하면서 얻을 수 있다. 그 과정은 이렇다. 인구조사가 이루어졌던 1987년에 확인된 인구수를 기본으로 하여 다음 해 각 연령층의 사망자수와 이민 이출자수를 차감하고 출생아수와 이민 이입자수를 합산한다. 이렇게 계산하면 1988년에 해당하는 인구수가 나오며, 또 이것을 기본으로 하여 같은 방법으로 1989년의 인구수를 계산하고 계속해서 이런 방법으로 현재까지 인구수를 계산한다. 사망자수와 출생아수는 정확하지만 이민자가 전출입 신고를 할 때 누락되는 경우가 있을 수 있고 이것이 수년간 누적되면 해가 갈수록 정확성은 떨어지게 된다.

2001년 통계청 직원들이 관리를 강화하면서 독일 전체를 놓고 보앉을 때 이중으로 파악한 인구 비율이 4.1%에 달한다는 것을 알아냈다. 또한 인구수를 제대로 파악하지 못한 비율이 1.7%에 달한 적도 있다. 국가 전체의 오차 비율보다 각 주나 지방의 오차 비율이 훨씬 더 크다. 베를린을 예로 들어보면 이중으로 파악한 인구 비율이 8.1%이고, 동시에 등록되지 않아 파악하지 못한 이민자 비율은 2.7%였다.

특히 90세 이상 연령층의 자료는 인구 자료를 업데이트하여 얻은 결과 가운데서도 아주 부정확하기 때문에, 통계청 직원들은 90세 이상 주민의 수를 연령별로 나누어 기록하지 않고 그냥 '90세 이상' 주민의 총수로 기록한다. 그렇기 때문에 95세 이상 또는 100세 이상 노인의 수는 이미 '90세 이상' 주민의 수에 포함되어 있고 부정확하기 때문에 따로 발표하지 않는다. 이런 오류가 얼마나 중대한 것인지 다음 예를 보면 알 수 있다. 예를 들어, 한 지역에 사는 95세 노인의 실제 수가 등록된 수보다 많은 경우, 이 연령층에서 사망자 수를 빼면 인구수가 마이너스를 보이는 일이 흔하게 발생한다.

고령층 주민이 실제로 몇 명이나 살고 있는지, 또 살았는지는 또 다른 과정을 통해 더 정확하게 드러난다. 예를 들면, 거꾸로 가장 나이가 많은 사람의 사망건수에서부터 시작해서 점점 나이를 낮춰가며 100세 혹은 95세 노인까지 여러 노년층의 사망건수를 하나하나 합산한다. 막스 플랑크 인구학 연구소 연구원인 램브란트 숄츠(Rembrandt Scholz)의 조사 결과에 따르면, 독일은 지난 수십 년간 100세 이상의 노인 인구가 급격하게 증가했다. 1960년에는 100세 이상 노인이 (구동서독 모두 합해) 고작 167명이었다. 1980년에는

1,017명, 2003년에는 7,951명으로 늘어났다. 이 가운데 여성은 6,798명, 남성은 1,153명이었다.

    실제 평균 수명에 대한 통계학적 추정은 학문적으로 해결되지 않은 인간의 최대 수명에 관한 이론과는 달리, 구체적이면서 입증이 가능하다. 인구학에 따르면, 인간의 수명은 유연성 있는 띠에 비유할 수 있는데, 지난 100년간 그 띠의 길이는 거의 2배가 되었다. 하지만 띠의 팽창성은 처음과 중간 그리고 마지막에서 차이가 있기 때문에 좀더 분명하게 표현해야 한다. 20세기 전반에 평균 수명이 연장된 것은 무엇보다도 영아와 아동 사망률이 감소했기 때문이다. 다시 말하면 이 생명띠의 첫 부분이 팽창했기 때문이다. 하지만 당시와 달리 오늘날에는 영유아 사망률 감소로 평균 수명이 연장되는 효과는 더 이상 나타나지 않는다. 왜냐하면 영유아 사망률이 더 이상은 감소할 수 없을 만큼 극도로 감소했기 때문이다. 오늘날 독일의 경우 남아와 여아 각각 1,000명 중에서 다섯 번째 생일을 맞이하기 전에 죽는 아이들은 남아는 6명, 여아는 5명이 채 안 된다. 20세기 초에는 남아 224명, 여아 200명이었다.

    20세기 후반에는 무엇보다도 60세 이상 고령층의 사망률이 감소함으로써 평균 수명이 연장되었고, 여자의 평균 수명이 남자의 평균 수명보다 더 많이 늘었다. 20세기 후반의 생명띠는 점점 더 길어지고 평균 수명이 늘어나면서 팽창률도 증가하고 있다. 고령층의 사망률(특정 나이의 인구 1,000명당 1년 이내에 사망하는 사람의 수로 정의된다)이 90세를 넘어서면 계속 증가하는 것이 아니라, 오히려 약간 줄어드는 주목할 만한 현상이 나타나고 있다. 그 이면에 어떤 원인이 있는지는 아직 명확하지 않다.

20세기 후반에 평균 수명이 과도하게 높아진 것을 다음 수치에서 잘 알 수 있다. 지난 50년간 신생아의 평균 수명은 남아의 경우는 15%, 여아의 경우는 18%가 늘어났고, 60세 이상 남자가 앞으로 더 살 수 있는 평균 수명은 17%, 70세 이상 여자의 경우는 33%가 늘어났다. 그리고 70세 남자는 23%, 70세 여자는 45%가 늘어났다. 고령자와 최고령자의 생명 연장 추세는 아마도 계속될 것이다.

고령자의 생명 연장은 다음과 같이 절대수로 표현한다. 65세 남성이 앞으로 더 살 수 있는 평균 수명은 20세기 초 10.4년에서 1960년에는 12.4년, 2003년에는 16.1년으로 늘어났다. 65세 여성의 경우, 20세기 초 11.1년에서 1960년에 14.6년, 2003년에는 19.6년으로 늘어났다. 2050년까지 평균 수명이 남자는 19.2년, 여자는 23.4년으로 더 늘어날 것으로 추산된다(8장 참조).

여성의 평균 수명이 더 높은 것은 생물학적 요인, 행동 요인, 그리고 환경적·사회적 요인 때문인 것으로 보인다. 하지만 사회적 요인과 행동 요인에 따른 생활 양식의 차이와 이로 인한 발병 위험성의 차이만으로는 평균 수명의 차이를 설명할 수 없다. 출산 전 남자 태아의 사망률이 더 높은 것, 또 많은 동물들의 경우도 수컷의 사망률이 더 높은 것은 분명히 생물학적 요인 때문이다. 수도원에서 실제로 같은 환경에서 생활하는 수도승과 수녀의 평균 수명을 알아보기 위해 18세기 이후에 실행한 연구를 보면, 역시 같은 결과를 볼 수 있다. 그렇다면 성별에 따른 평균 수명의 차이가 사회적 요인에서 비롯된 것은 아니라고 볼 수 있다. 로스톡 대학 교수 마르크 루이(Marc Luy)가 오늘날 바이에른에 있는 수도원의 수도승과 수녀의 평균 수명을 연구한 결과를 보면, 수도승보다 수녀가 평균 수명이 약 2년 정도 더 높은 것으로 나타난다. 일반인의 경우 남녀의 평균 수명 차이는 약 3배에 달하는데, 이것을 설명하려면 생물학적 요인 이외에도 사회적 생활 여건 · 생활 양식 · 행동 양식의 성별 차이를 고려해야 한다.

학계에서는 나이 개념을, 예를 들어 인체 세포의 생물학적 나이, 장기 및 신체의 노쇠와 질병에 따른 나이, 많은 사람들을 대상으로 산출한 통계학상 · 인구학상의 평균 나이, 인구 전체의 평균 수명 등으로 다양하게 구분한다.

그렇다면 노화의 정의를 주관적이고 개인적인 측면과 객관적이고 집단적인 측면을 모두 고려하여 다음과 같이 내릴 수 있을 것이다. 어떤 상황에서든 자신이 선택할 수 있는 인생의 다양성이 아주 적거나 더 이상 없는 사람은 늙은 사람이다. 이러한 정의에 따르면, 몇 년 후면 젊은 사람도 늙을 수 있고 나이 든 사람도 젊어질 수 있다. 노화 관련 연구들이 밝혀낸 바에 따르면, 노년의 사람들은 자신의 상태를 평가할 때 대부분 다음과 같은 실수를 범하는 경향이 있다. 이들은 자신의 건강 상태를 주관적으로 볼 때 훨씬 더 좋게 생각하고 있으며, 또 자신이 선택할 수 있는 인생의 다양성이 객관적으로 볼 때보다 훨씬 더 많다고 생각한다.

이와 같은 노화 연구 결과에 따르면, (학회에서도 흔히 볼 수 있듯이) 나이에 대한 주관적인 정의를 절대시하는 것은 막아야 한다. 대중이 구릿빛 피부에 기력이 왕성한 노인을 노년층의 새로운 이미지로 받아들이면, 그들은 더 이상 집과 양로원을 떠나서는 생활할 수 없는 또 다른 부류의 노인들이 있다는 사실은 잊어버리게 된다. 그런데도 '노년의 기회'라는 말이 만연해 있는 것을 보면 어둠이 밀려드는 숲 속에서 방랑자가 휘파람을 점점 더 크게 부는 것과 같다는 생각이 든다.

오늘날 80세 이상 노인 3명 가운데 1명은 보살핌을 받아야 한다. 앞으로는 아마도 90세 이상 노인의 3분의 1이 보살핌을 받아야 할 것이고, 결국에는 100세 이상 노인의 3분의 1이 보살핌을 받아야 할 것이다. 사람들은 이처럼 죽기 전에 노쇠해지는 시기가 점점 더 늦춰지고 결국에는 사라질지도 모른다는 환상을 갖게 되었다.

한 사회의 인구 고령화에 대한 설득력이 있는 정보를 바탕으로 해서 만든 인구 피라미드를 보면, 인구 피라미드의 두 곳을 잘라 윗부분은 노년층, 아랫부분은 젊은층, 중간 부분은 중년층, 이렇게 세 부분으로 나눈 것을 볼 수 있다. 두 곳을 자르는 기준으로 대부분 하위선은 20세, 상위선은 60세를 선택한다. 그 밖의 기준으로 15세와 65세, 20세와 61세, 20세와 62세, 20세와 75세 등을 사용하기도 한다.

노인 비율은 인구 피라미드 중에서 가장 윗부분인 노년층 인구 부분을 가운데 중년층 인구 부분과 연관 지어 정의한다. 이와 마찬가지로 청소년 비율은 아랫부분의 젊은층 인구 부분을 중년층 인구 부분과 연관지어 정의한다. 지금까지 인구 고령화에 대한 가장 세분화된 분석과 예측은 1998년을 원년으로 한다. 그렇기 때문에 2050년까지의 노인 비율과 청소년 비율의 수치 변화는 원년인 1998

년과 관련해서 설명해야 한다(8장 참조).

노인 비율과 청소년 비율에 대한 당시 추정치들은 오늘날까지도 상당히 정확하게 들어맞는다. 1998년 독일의 청소년 비율은 38%였고, 노인 비율은 38.6%였다. 이 비율은 첫 번째로 다음 세대 젊은 연령층의 규모에 따라 변한다. 이때 다음 세대의 젊은 연령층의 규모는 출산율의 변화, 가임기 연령(15~45세)에 있는 여성의 수와 연령 분포에 따라 좌우된다. 두 번째로 이 비율은 이민 이출입자의 규모와 연령 분포에 따라 변하고, 세 번째로 평균 수명의 연장에 따라 변한다. 여러 연구 기관과 연방 통계청의 일치된 추정치에 따르면, 2050년까지 노인 비율은 2배 이상 높아질 것이라고 한다. 반면에 청소년 비율은 1998년에 38%였던 것이 2050년에는 32%로 약 6분의 1 감소할 것이다.

이와 같은 분석과 추정을 통해 다음과 같은 중요한 사실들을 알 수 있다.

(1) 2050년까지 인구가 급속하게 노령화하는 결정적인 이유는 평균 수명의 연장 때문이 아니라 과거의 저출산율 때문이다.

(2) 독일 인구의 평균 수명이 1998년 수준에 머무른다 해도 2050년까지 노인 비율은 1998년의 2배가 될 것이다. 평균 수명이 약 6년 늘어난다면, 전체 인구(이민자 포함) 중에서 노인의 비율은 1998년에 38.6%에서 2050년에는 91.4%로 2.4배 늘어날 것이다.

(3) 젊은 이민자 이입은 인구 고령화를 중단시키는 것이 아니라 완화시킬 뿐이다. 이민자 비율이 거의 제로에 가까울 때에도 노인 비율은 38.6%에서 약 98%로 높아진다. 예를 들어 이민 이입자와 이출자의 차이가 연간 30만 명이라면 노인 비율은 80%로 높아진다.

(4) 출산율이 급속히 향상된다 해도 21세기 중반까지 노인 비율이 지속적으로 증가하는 것을 막지는 못할 것이다. 여성 1인당 출생아 수가 1.35명이라면, 노인 비율은 1998년 38.6%에서 2050년에는 93%로 높아지고, 여성 1인당 출생아수가 1.64명으로 높아진다면 2050년의 노인 비율은 89.1%에 달할 것이다. 출산율이 1.35명으로 변함이 없을 때보다 노인 비율이 현저하게 낮아지지는 않는다. 2030년까지 여성 1인당 출생아수가 2.1명으로 점차 늘어난다 해도, 2050년까지의 노인 비율은 약 80% 수준까지 상승할 것이다(이 추정은 이민 이입자와 이출자의 차이가 15만 명이고 중간값의 평균 수명을 적용한다는 전제 조건을 따른 것임). 21세기 후반에 가서야 노인 인구는 다시 감소할 것이고, 그 비율은 2080년까지 65% 수준으로 낮아질 것이다.

(5) 최종 결론 : 인구 감소는 이민으로 유예시킬 수 있지만, 적어도 21세기 중반까지 계속되는 인구 고령화는 피할 수 없다.

Die ausgefallene Generation

11
이민으로 인한
독일 인구 발전의 세계화

독일은 경제 고성장 시대에 들어서서 이민 이출이 많은 나라에서
이민 이입이 많은 나라로 변모했다.
이런 경향은 경제 성장이 낮아진 시대에도 그대로 유지되었다.
공식적으로는 드러나지 않았지만, 독일은 전통적인 이민 이입국인
미국, 캐나다, 호주를 추월했다. 인구 10만 명을 기준으로 했을 때,
독일의 이민 이입자수는 전통적인 이민 이입국의 몇 배나 된다.

■ ■ ■

현실적으로 이민이 독일 인구 변화에 미치는 영향을 어떤 척도로 평가할 수 있는가? 통계에서 이입 인구라고도 표현하는 연간 이민 이입, 이민 이출 또는 이민 이입과 이출의 차이가 그 척도가 될 수 있는가? 독일은 지역의 주민등록 사무소를 통해 이민 이입과 이출을 등록하는데, 이런 등록 시스템을 가진 나라는 세계에서 몇 안 된다. 이때 3개월 이상 체류하는 경우를 제외한 관광객, 비즈니스 여행자, 한철 노동자는 원칙적으로 이민 이입자와 이출자에 포함되지 않는다.

대개 인구 변화에 미치는 이민의 영향을 평가할 때에는 이민 이입과 이출의 차이인 이민자수가 척도가 된다. 이민 이입과 이출의 차이가 적거나 제로인 경우, 이민은 해당 국가의 인구 변화에 전혀 영향을 미치지 않거나 아주 미미한 영향을 미칠 것이라고 결론 지을 수 있다. 하지만 이것은 거의 잘못된 결론이다. 이민 이입자와 이출자의 수가 일치한다면 그 차이는 제로일 테지만, 이러한 결과가 해당 국가에 전혀 영향을 미치지 않는다고 결론 지을 수는 없다. 이것은 호텔이 손님들에게 제공하는 서비스 비용을 매일 체크인, 체크아웃을 하는 손님수의 차이만으로 계산할 수 없는 것과 같다. 한 호텔에서 침대 몇 대가 필요하고 손님에게 제공하는 서비스에 드는 비용이 얼마나 되는지는 투숙하는 손님수와 그들이 묵는 평균 기간에 의해 좌우되는 것이지 체크인, 체크아웃을 한 손님수의 차이에 의해 좌우되는 것이 아니다.

독일 이민 이입자수와 이출자수의 차이는 한동안 연간 평균 15만~20만 명을 유지하고 있다. 그에 비해 연간 이민 이입자수와 이출자수는 지난 30~40년 동안에는 경기 상황, 출신 국가의 정치적 상황, 망명자와 피난민 관련 법규정 등에 따라 달랐다. 1990년대 중반에 망명자 비호법 개정으로 극도로 높아진 망명신청자수를 제한한 후에는 연간 이민 이입자수가 약 80만~90만 명, 연간 이민 이출자수는 65만~70만 명이었다. 이민자수와 관련된 극단적인 예와 정상적인 예로 1993년과 2000년을 꼽을 수 있다. 망명자 비호법 개정 전까지 이민 이입자수는 1993년까지 127만 7,000명, 이민 이출자수는 81만 5,000명으로 그 차이는 46만 2,000명이었다. 2000년까지 독일 이민 이입자수는 84만 1,000명으로 감소했고, 이민 이출자수 또한 67만 4,000명으로 감소해서 그 차이가 16만 7,000명에 달했다(도표 18, 19).

독일에 이주해 살고 있는 이민자수는 연간 이민 이입자수에 평균 10년 정도의 체류 기간을 곱한 것과 같다. 10년 체류 기간으로 이민 온 연간 이민자수가 70만~80만 명이면 이민 이입자는 700만~800

도표18 1991~2002년 유럽 국가들의 연간 이민 이입자수 (연평균)

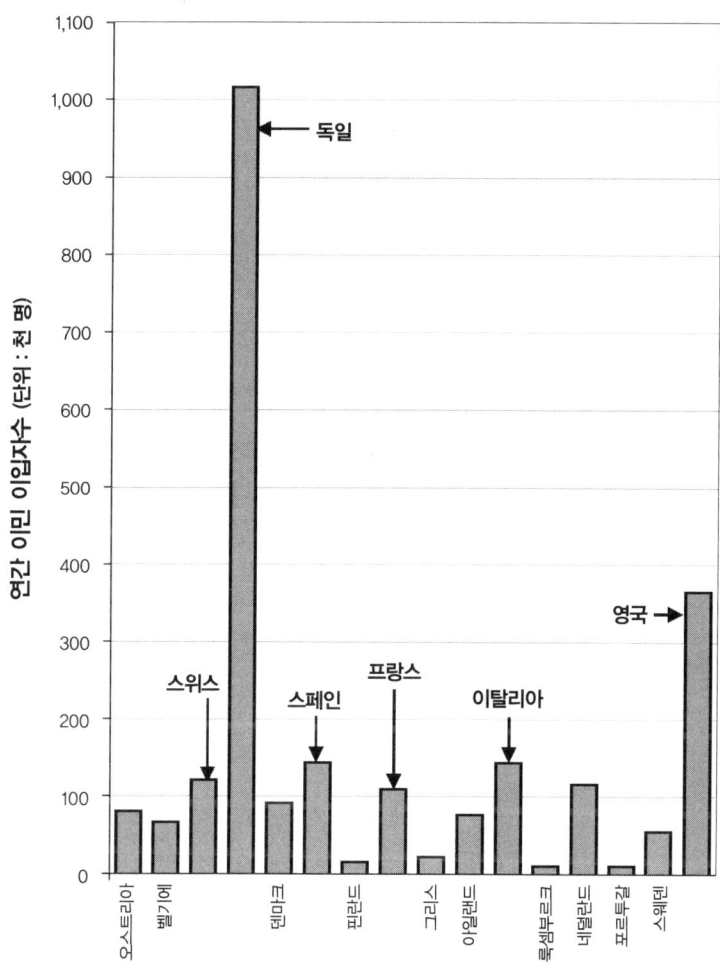

출처 : 헤르비히 비르크, 빌레펠트 대학교, 2005년.
데이터 : 이민 연구를 위한 유럽 포럼, 이민 보고서 2004, 도표 47, 유럽 이민 이입자수의 비교.

도표19 1991~2002년 유럽 국가들의 연간 이민 이입자수

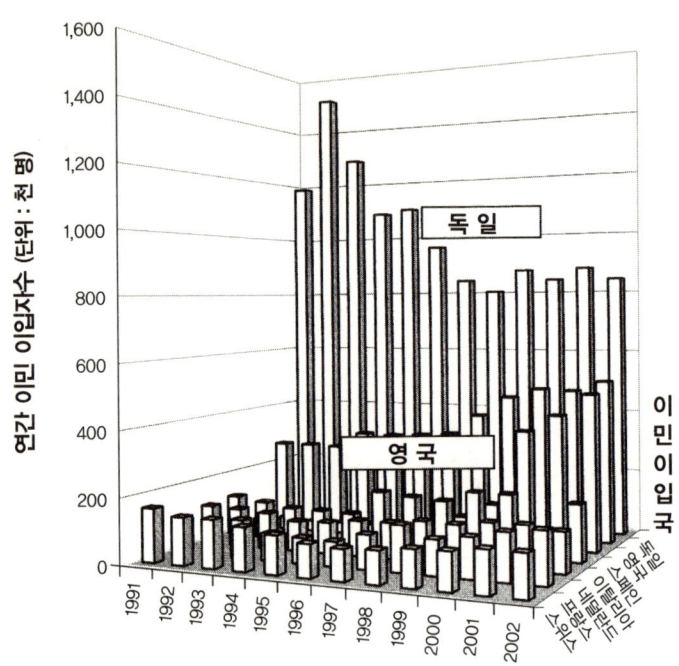

출처 : 헤르비히 비르크, 빌레펠트 대학교, 2005년.

데이터 : 이민 연구를 위한 유럽 포럼, 이민 보고서 2004, 도표 47, 유럽 이민 이입자수의 비교.

만 명이라는 계산이 나온다. 해마다 얼마나 많은 이민자들이 독일로 이입되는가? 이민자들은 규모면에서 보면 최소한 50만 명 내지 60만 명에 이르는데, 연간 이민 이입자수와 이출자수의 차이보다도 훨씬 더 많은 수치이다.

이런 예는 단순히 이민 이입자수와 이출자수의 차이뿐만 아니라 이민 이입자와 이민 이출자를 함께 고려하는 것이 얼마나 중요한지를 말해준다. 이민 이입자수와 이출자수의 차이만을 고려하여 결론을 내리면, 일반적으로 이민자가 인구 변화에 미치는 영향을 과소평가하게 된다. 사람들 대부분은 이민 이입과 이출이 인구 증가와 감소에 직접적인 영향을 미치는 것 이외에도 인구 변화에 지속적이고 간접적인 영향을 미친다는 사실을 간과하고 있다. 이런 간접적인 영향은 직접적인 영향과 규모가 거의 비슷할 수도 있다. 예를 들어 이민 이출자로 인해서 몇 년 동안 국내 사망자수와 출생아수가 감소할 것이며, 반대로 시간이 흐르면 이민 이입자의 후손으로 인해 사망자수와 출생아수는 증가할 것이다. 모든 간접적인 영향의 규모는 추정 기간에 따라 다르다. 2050년에 가면 간접적인 영향의 규모는 직접적인 영향의 규모와 비슷해질 것이다.

이민자의 출산율과 자국민의 출산율의 차이가 있는지, 있으면 얼마만큼의 차이가 있는지, 또 이민 이입자의 연령 구조는 어떠한지에 따라 인구 추정이 달라진다. 이민자와 비이민자로 나누어 추정함으로써 정확한 결과를 얻을 수 있다(8장 참조). 이민자는 1998년 740만 명에서 2050년에는 1,160만 명이 늘어나 1,900만 명이 될 것이다. 1,160만 명이라는 수치는 이민 이입과 이출의 직접적인 영향,

즉 2050년까지 연간 이민 이입자수와 이출자수의 차이에 출생아수와 사망자수에 미치는 이민의 간접적인 영향이 합산되어 나온 것이다. 이민자의 직·간접적 영향을 고려하여 추정한 1,160만 명이라는 수치에서 1998~2050년의 이민 이입자수와 이출자수의 차이인 650만 명을 빼면 그 나머지는 간접적인 영향에 의한 수치라고 볼 수 있다. 즉 이민 이입자수와 이출자수의 차이인 직접적인 영향에 간접적인 영향에 의해 확대된 510만 명이라는 인구가 합산된 것이다.

여기서 제시하는 이민자와 비이민자의 구분은 혹시 바뀔지도 모르는 국적법에 영향을 받지 않는다. 인구 추정만으로는 앞으로 이민자 가운데 얼마나 많은 사람들이 귀화해서 독일 국적을 획득하게 될 것인지 알 수 없다. 요즘 독일 국적 취득자는 매년 15만 명 정도로, 이민자수는 늘고 있지만 외국인수는 침체되어 있다. 새로운 독일 공민권을 얻은 외국인 부모 밑에서 태어난 아이들은 부모의 국적뿐만 아니라 독일 국적을 얻을 수 있으며, 성인이 되면 두 국적 중 하나를 선택해야 한다. 그들이 어떤 결정을 내릴지, 하나의 국적만을 선택해야 하는 의무 사항을 이행할지(하나의 국적을 포기하면 이중 국적의 혜택을 누릴 수 없기 때문에 이 점에 대해서는 약간 회의적이다)는 20년 후에나 알 수 있을 것이다.

19세기에 독일은 해외 이주자가 매년 10만~20만 명이나 되는 이민 이출이 많은 나라였다. 이들 대부분은 미국이나 남미로 건너갔다. 제2차 세계대전 후 독일은 1,200만 명에 이르는 추방자와 피난민을 수용했다. 독일은 경제 고성장 시대에 들어서서 이민 이출이 많은 나라에서 이민 이입이 많은 나라로 변모했다. 이런 경향은 경제 성장이 낮아진 시대에도 그대로 유지되었다. 공식적으로는 드러나지 않았지만, 독일은 전통적인 이민 이입국인 미국, 캐나다, 호주를 추월했다. 인구 10만 명을 기준으로 했을 때, 독일의 이민 이입자수는 전통적인 이민 이입국의 몇 배나 된다.

 1970년대 이후 독일에서는 자국내 출생아수보다 더 많은 이민 이입자들이 등록을 했고, 출생아수가 계속 감소하고 있기 때문에 21세기에도 이러한 현상은 계속 심화될 것이다. 이러한 결과는 독일이 이민 이입이 많은 이민국이 되어가고 있다는 것을 나타낸다. 독일의 이민 현황을 다른 유럽 국가들이나 미국의 이민 현황과 비교해보면, 독일로 이민을 오는 유럽인이나 미국인보다 더 많은 독일인이 다른 유럽 국가나 미국으로 이민을 떠나는 반면, 제3세계 국가로 이민을 가는 독일인보다 제3세계 국가 출신의 이민 이입자가 훨씬 더 많다. 그런데도 독일이 이민 국가가 되어가고 있다는 결과가 제3세계 국가 출신의 수준이 떨어지는 이민자가 독일로 이민 오고 있다는 중요한 사실을 드러내주지는 않는다.

 양적인 추정 수치만을 예측하는 인구통계학 방법으로는 이민자와 그 자녀들이 독일에서 융화할 각오와 능력을 가지고 있는지에 대해서는 예측할 수가 없다. 하지만 지금까지 다수파였던 독일인이 어떤 도시, 어떤 연령층에서 소수파가 될지는 추정할 수 있다. 몇 년 후면 몇몇 대도시에서는 40세 이하의 연령층에서 이러한 현상이 나타날 것이다. 하지만 아직 40세 이상의 연령층에서는 독일인이 절대적 다수를 차지하고 있다.

 독일의 인구 변화가 어떻게 전개되어갈지는 네덜란드 대도시들에 대한 데이터를 근거로 설명할 수가 있다. 네덜란드의 경우는 토착민과 이민자의 인구수와 출생아수가 따로 나뉘어 있다. 암스테르담은 2003년 기준으로 토착민이 52.8%, 이민자가 47.2%를 차지했다. 이민자 중 유럽연합 국가 출신은 6.7%이며, 나머지는 제3세계 국가 출신들로, 수리남(9.7%), 모로코(8.4%), 터키(5.0%), 그리고 기타 비서구 국가 출신들로 구성되어 있다. 암스테르담의 출산율을 보면, 2003년 토착민의 출산율은 44%, 이민자의 출산율은 56%인데, 이 중 수리남 사람들의 출산율은 8%, 모로코의 경우는 14%, 터키의 경우는 6.4%였다. 로테르담과 헤이그에서도 비슷한 현상이 나타나고 있다. 여기에서 주목해야 할 점은 이민자의 비율이 해마다 높아진다는 것이다.

　인구 분석과 예측을 할 때 대부분 특정 기간이나 2030년 혹은 2050년과 같이 중간 점검 기간을 설정한다. 하지만 특정 기간을 집중적으로 고찰하다 보면 중요한 정보를 잃게 된다. 이것은 영화와 사진의 차이점과 같다. 인구 현상의 중요한 특성은 정지해 있지 않고 계속 진행되는 속성을 가졌다는 것이다. 그래프로 나타내 설명하기 위해 특정 기간을 설정하면, 이것은 특정 기간의 중간 연구 결과, 즉 특정 기간 그 순간의 결과일 뿐이라는 사실을 대부분 간과한다. 이러한 순간의 결과들은 인구 추정이라는 여행이 어떤 방향으로 흘러갈지에 대해서는 아무것도 말해주지 않는다. 하지만 여행객 자신이 어느 기차를 타고 이동해야 할지에 관심을 보인다면 다만 도착지만큼은 알 수 있을 것이다.

　인구 감소와 인구 증가는 여러 세대를 거쳐 계속되는 과정이다.

이때 한 인구 집단이 절대 다수층이었다가 소수층으로 바뀌는 것은 파급 효과가 큰 인구학적 변화이다. 인구 변화의 의미를 파악하려면 다양한 인구 집단의 변화 과정에서 나타나는 장기간의 성장 속성 내지 감소 속성을 살펴봐야만 한다.

부분 인구 집단(예를 들면 이민자 집단, 청소년 집단 등)이 전체 인구에서 얼마나 차지하고 있는지에 따라서 성장하는 부분 인구 집단인지 감소하는 부분 인구 집단인지 그 유형이 결정된다. 전체 인구에서 성장하는 부분 인구 집단과 감소하는 부분 인구 집단을 구분하는 것은, 각각의 부분 인구 집단들이 혼합되어 있다면 큰 의미가 없다. 각각의 부분 인구 집단이 섞여 있지 않고 분리되어 있다면 각각의 부분 인구 집단이 다수층이 되는 사회 유형이 되거나, 그 반대로 각각의 부분 인구 집단이 소수층이 되는 사회 유형이 될 것이다. 독일은 두 번째 유형에 속하며, 이전에 독일 인구의 다수를 차지했던 젊은층이 몇 년 후면 소수층이 되어 다른 소수 연령층과 함께 독일을 여러 개의 소수층으로 이루어진 사회로 만들 것이다.

Die ausgefallene Generation

12
인구학, 번영,
그리고 공공복지

점점 줄어드는 다음 세대가 위축감을 느낄 만큼 증가하는 국채를
어떻게 갚아나가야 할지 아무도 알지 못한다.
이런 시각에서 보면 세대 규모가 점점 작아지는 가운데서
세대간 형평성을 실현하려는 목표는 실현 불가능한 것처럼 보인다.
다음 세대는 이것 때문에 상처를 받게 될 것이고 성취 의욕도 잃게 될 것이다.

■   ■   ■

　20세기 초만 해도 농부 한 사람이 그 가족과 10여 명쯤 되는 다른 사람들을 먹여 살렸지만, 그 후 수십 년 동안 생산성은 100배가 늘어, 오늘날에는 음식물을 인위적으로 폐기처분하기도 한다. 인구는 감소하는 반면에 경제 생산성은 앞으로도 증가할 것이기 때문에 성급한 추론일 수도 있지만 인구 감소로 인한 경제 걱정은 할 필요가 없을 것이다.

　특정 분야의 생산성 증가는 다른 분야에 도움이 될지 모르지만 국민 경제를 놓고 보았을 때는 영향력이 크지 않기 때문에, 위와 같은 주장은 실제보다 더 과장된 것으로 보인다. 물론 원칙적으로 볼 때 이 주장은 맞는다. 인구가 감소하더라도 평균 연령이 증가하지 않는다면, 인구 고령화가 경제에 미치는 영향 중 대부분은 존재하지 않을 것이다.

　하지만 출산율이 즉시 크게 증가한다 할지라도 인구 고령화는 피해갈 수 없다. 우리가 사회정치적 규범과 인간의 기본 원칙을 지키는 한 생산성과 소득이 증가하면 증가한 만큼 연금도 상승하는 것처럼, 노인을 부양하는 수준은 생산성 혹은 근로자의 수입과 동일한 비율로 향상되어야 한다('동태 연금'). 이러한 전제 하에서 노인 비율이 2배 이상 상승하면, 생산성과 소득이 2배, 10배 또는 100배가 되는 것과 상관없이 직업 종사자의 부담은 자동으로 2배 이상 커진다.

따라서 인구가 감소할 때 문제는 일차적으로 인구수가 감소하는 것 자체라기보다는 인구 감소와 결부되어 인구 고령화 현상이 나타나고 이로 인해 세대간 분배 문제가 발생한다는 것이다. 인구 고령화의 또 다른 문제점은 연금보험, 건강보험, 간병보험의 보험 금액이 높아져 고용인과 피고용인이 이것을 각각 절반씩 부담해야 한다는 사실이다. 이렇게 높아진 분담금은 상품 가격을 산정할 때 포함시키기 때문에 인구 고령화가 심각하지 않은 기타 국가들과 비교할 때 독일에서 수출되는 상품들의 가격이 높아지는 결과를 낳는다. 이렇게 되면 경제적 측면에서 보았을 때 독일은 경제인들의 관심을 끌지 못할 것이고 그러면 투자는 감소하여 경제 성장이 멈추게 될 것이다.

독일 인구 변화가 연금보험, 건강보험, 간병보험, 노동시장과 주택시장, 자치단체의 사회간접자본 이용, 금융 등에 미치는 수많은 영향들 중에서 경제 성장에 미치는 부정적인 영향은 오래 지속되고 위험하다.

인구 감소와 인구 고령화는 국민소득 성장률을 감소시킨다. 이것은 소득의 상실과 이에 따른 세수의 감소를 의미한다. 안 좋은 경제 상황은 또 출산율에 부정적인 영향을 미치기 때문에, 저출산율이라는 인구학적 문제는 더욱 심화된다.

독일은 여전히 지구상에서 가장 개방적이고, 가장 안전하며, 가장 부유한 나라들 중 하나이다. 어떤 정책으로 이제까지 이루어놓은 생활 수준을 보장하고 더욱 향상시킬 수 있을까? 일차적으로 모든 것이 올바른 목표를 설정하는 데 좌우된다면, 한 나라의 경제 성공은 매우 중요한 목표이기는 하지만 모든 목표들의 최종 목표가 되어서는 안 될 것이다. 경제적으로 성공한 나라보다 인간의 가치를 우선시하는 나라를 만들려고 노력하는 것이 더 가치가 있다. 제2차 세계대전 이후 지금까지 독일이 계속 성장해올 수 있었던 중요한 이유가 과연 인간의 가치를 경제적 가치보다 우선시했기 때문일까?

과거에도 그러했듯이 독일은 미래에도 경제적인 성과(국내총생산으로 측정)를 고려하면서 단지 3등급 목표만을 추구할 것이다. 개인의 번영 및 공공복지와 결부된 1등급 목표는 토론의 대상이 되지도 않는다.

이와 관련해 필자가 걱정하는 것은 예를 들면, 학계와 정치계가 한 국가의 국내총생산이 각 이민자들 때문에, 즉 이민자들의 소득 때문에 향상된다고 여전히 믿고 있다는 점이다. 물론 이 경우 국민이 이민자를 경제적으로 도와주지 않아도 되는 경우를 전제로 한다. 다시 말하면 직업 활동을 하는 이민자수가 2배가 되면 국내총생산도 2배 향상된다는 뜻이다.

국내총생산의 개념은 모든 근로소득과 재산소득의 합계라고 할 수 있으므로, 추가 소득이 발생하면 국내총생산이 증가한다는 데는 의심의 여지가 없다. 하지만 이것이 정치권과 대중이 기꺼이 믿는 것처럼, 또 유럽연합의 동구권 확장과 노동 이민에 관한 전문 서적[*]에서 논하는 것처럼 자유로운 이민 이입이 '모든 나라를 위한 최상의 해결책'이라는 의미는 아니다. 이민 이입의 문제를 순전히 경제적인 관점에서만 논하고, 이러한 이민 문제에서 주목해야 할 중요한 사회적·문화적 지표들을 완전히 배제한다 하더라도, 이민 이입을 통해 국내총생산을 높이려는 정치권의 목표는 가치 있는 것만은 아닐 것이다. 잘 산다는 것은 국내총생산이 높은 것을 의미하는 것이 아니라, 국민 1인당 국내총생산이 높은 것을 의미하는 것이기 때문이다.

중요하지만 간과하기 쉬운 이 문제들을 일목요연하게 설명하기 위해 다음과 같은 수치를 예로 들겠다. 1인당 소득은 국내총생산(분자)을 인구수(분모)로 나눈 몫이다. 학교에서 배운 간단한 수학 공식으로 1인당 소득의 연간 성장률은 (발전이 일정할 때) 항상 분자(국내총생산)의 성장률에서 분모(인구수)의 성장률을 뺀 값과 같다는 것을 알 수 있다. 예를 들어 국내총생산의 성장률이 3%, 인구 성장률이 1%라면, 1인당 소득 성장률은 약 2%가 될 것이다.

독일이나 스위스 같은 선진국들이 가난한 나라에서 온 이민자들에게 매력적인 이유는, 국내총생산이 높기 때문이 아니라 1인당 국내총생산이 높기 때문이다. 예를 들어, 국내총생산으로만 따진다

---

[*] 한스-베르너 진(Hans-Werner Sinn) 외, 유럽연합의 동구권 확장과 노동 이민-노동시장의 단계적 접근의 길, 경제 연구를 위한 기고문 21호, 뮌헨 2001년.(지은이)

면, 인도는 인구수가 많기 때문에 국내총생산이 스위스보다 높다. 그렇다면 스위스 사람들이 인도를 이민 목표국으로 삼지, 인도 사람이 스위스를 이민 목표국으로 삼지 않을 것이다.

순전히 경제적 목표만을 겨냥한 이민 정책을 위해 1인당 소득을 선택한다면 낮은 이민율이 더 유리한지, 아니면 높은 이민율이 더 유리한지는 다음 예를 통해 알 수 있을 것이다. A 국가는 이민율이 높아서 연간 약 0.7%의 플러스 인구 성장률을 보인다. B 국가는 이민율이 낮아서 -0.5%인 마이너스 인구 성장률을 보인다. A 국가는 높은 이민율 때문에 국내총생산이 연간 2.5% 성장 가능하며, B 국가는 국내총생산이 연간 1.5% 정도 성장 가능하다. 이 가정들을 기초로 하면, 이민율이 높은 A 국가의 1인당 소득은 연간 1.8%(=2.5-0.7)에 이르고, 이민율이 낮은 B 국가의 1인당 소득은 더 빨리 성장해 2%[=1.5-(-0.5)]에 이른다. 예를 들어 50년이 지났을 때 1인당 소득은 이민율이 낮은 경우 170%로 상승하고, 이민율이 높은 경우는 144% 상승하는 데 그칠 것이다.

이러한 예를 통해 얻은 결과는 무엇인가? 독일 사회가 있을 법한 미래의 문제들에 대해서 한 번도 논의해보지 않았으며 정치적으로 그것을 해결하려고 노력하지도 않았다는 것이다.

독일은 국제 경제 경쟁에서 여전히 한 단계 낮은 위치를 두고 경합을 벌이고 있다. 정치계는 번영을 보장하는 데 필수적인, 야심 찬 목표들은 암묵적으로 포기했고, 이러한 목표들은 정치가를 위해 학자들이 작성한 의견서나 정치적 토론에서 더 이상 거론되지 않는다.

이민 문제는 경제적 척도로 결정할 수 있는 것이 아니다. 사회적 · 문화적으로 이민 문제들을 고려하지 않고 경제적 목표만을 강조한다 할지라도 높은 이민율을 겨냥한 독일의 이민 정책은 경제적으로 단점이 될 수 있다. 왜냐하면 여러 측면에서 평균 수준 이하인 이민자가 계속 이입되는 한 1인당 소득 성장률은 감소할 것이기 때문이다.

평균 수준 이하의 이민자들은 전문직에 종사하기 힘들고, 만약 그들이 직업을 갖지 못하게 된다면 심각한 경제적 손실을 불러올 것이다. 독일로 이입되는 많은 이민자 대부분이 이 경우에 해당된다. 그래서 독일의 이민을 흔히 '사회 제도로의 이민'이라고 한다.

독일은 중요한 이민국이다. 독일은 정치적 · 인종적 박해 때문에 이주해온 사람들을 그 어떤 실용성 기준에 따라 선별하지 않는다. 실용성에 따라 이민자를 선별하는 것은 이민법에도 어긋난다. 앞으로도 실용성에 따라 이민자를 선별하는 일은 없어야 한다. 인도주의적 차원에서 정치적 박해를 피해 이주해온 이민은 결코 문제 삼아서는 안 된다. 경제적 목표를 겨냥한 이민 정책은 인도주의적 차원의 정치적 이유 때문이 아니라 다른 이유 때문에 이민 온 사람들을 위한 것이어야 하고, 이런 이민 정책이 경제에 미치는 부정적인 영향을 이데올로기적 편견 없이 평가하는 것은 무엇보다 중요하다. 실력이 있는 독일인이 해외로 이민을 가고 대부분 수준이 낮은 외국인이 독일로 이민 오는 것은, 독일의 경제 발전에 득이 되는 것이 아니라 경제 몰락을 부르는 심각한 위험 요소이다.

국민 경제의 성장과 번영은 잠재적 노동력, 생산 자본의 성장, 기술 진보, 이 3가지 원천에서 비롯된다. 독일의 잠재적 노동력은 인구학적 측면에서 볼 때 고갈된 수준이다. 취업 가능 인력이라 부르는 젊은 사람들, 즉 20~40세 인구가 1990년 이후 연간 수십만 명씩 감소하고 있다. 그 결과로 두 번째 성장 원천인 생산 자본이 흔들리고 있다. 그 이유는 국내 투자는 줄어들고 생산 자본이 외국으로 흘러 들어가기 때문이다. 현재 1~2%인 독일 국내총생산 성장률은 경제학자들이 '기술 진보'라고 부르는 세 번째 원천이 없었더라면 이미 제로가 되었을 것이다.

이론상으로 볼 때, 국내총생산의 감소나 증가는 1인당 소득의 증가나 감소 혹은 동결과 결부되어 있다. 1970년대 인구가 감소하기 시작한 이후로 경제학자들은 그들의 저서에서 인구는 줄어드는데 1인당 소득이 증가하는 경우를 경제 성장의 특별한 변수로 다루고 있다.

이런 형태의 국민 경제는 소속 부대원들이 뿔뿔이 흩어지지도 않았는데도 부대원이 하나둘씩 사망하여 부대원수가 줄어드는 것을 냉정하게 지켜봐야 하는 퇴각하는 군대와 비슷하다. 다시 말하면 인구가 줄어들어도 어느 정도까지는 1인당 소득이 증가하지만 결국 퇴각하는 군대처럼 경제가 어려워질 것이다. 기업들은 하나씩 폐쇄되거나 해외로 이전된다. 마지막 용광로가 꺼지면 마지막으로 남아있는 근로자는 불을 꺼야 한다. 국민 경제 관련 책은 혼란을 일으키지 않으면서 조용히 쇠퇴하는 국민 경제는 죽어가고 있다고 말하고 있다.

하지만 지금까지 독일 국민 경제는 죽어가고 있지 않다. 이 상태를 계속 유지하려면 인구 감소는 억제해야 하고 국민 경제 성장의 원천인 '기술 진보'가 고갈되지 않도록 해야 할 것이다. 기술 진보는 하늘에서 떨어진 만나(manna)가 아니라, 긴 생산 사슬을 통해 얻을 수 있는 최종 생산물인 것이다. 생산 사슬이라는 것은 가정에서 아이를 학습 능력이 있는 아이로 키우는 것에서부터 시작해서 직업을 가질 수 있도록 학교에서 교육을 시키고, 최종적으로는 기업체에서 품질이 좋고 경쟁력 있는 생산품으로서 인정받을 수 있도록 만드는 것을 말한다.

그러나 독일의 기술 진보는 기술을 혐오하는 이데올로기가 만연해 있고 새로운 교육 자본인 20~40대 연령층이 연간 수십만 명씩 줄어들고 있기 때문에 계속 제약을 받고 있다. 20~40대 연령층 인구는 대부분 같은 연령대의 이민자(연간 80만 명)가 엄청나게 많이 이입되고 있는데도 불구하고 계속 감소하고 있다.

이민자와 그들의 후손 대부분의 교육 수준이 평균 이하라는 사실을 감안하면, 독일 국민의 교육 수준이 계속 낮아지는 것은 예정된 일이다. 국제 학업 성취도 평가(PISA) 결과를 보면, 앞으로도 이런 과정이 계속될 것이라는 예측을 할 수 있다. 이민자 자녀수는 매년 증가하고 있고 학교에서는 순수 독일 학생보다 이민자 자녀들의 성적이 훨씬 뒤처지기 때문에, 전체 독일 교육 수준은 떨어질 것이다.

이러한 결과를 피하기 위해서는 많은 노력이 필요할 것이다. 지금까지 높은 교육 수준은 독일 특유의 중요한 장점이자, 국가 번영의 보증 수표였다. 인구학적 측면에서 보면 이런 독일 특유의 장점은 수십 년 내에 사라질 전망이다.

노동력이 적어지면 일자리도 많이 필요 없게 된다. 이런 인구 변화에 의하면 실업자수도 줄어야만 한다. 하지만 인구 변화에 의해 노동시장에서 노동력이 줄어드는 것은 2010년 이후에나 가능하다. 왜냐하면 2010년 이전까지는 20~40대 연령층이 줄어들어도 40~60대 연령층이 늘어나서 서로 상쇄되기 때문이다. 40~60대 연령층은 2010년 이후에나 줄어들 것이다.

하지만 대량 실업이 틀림없이 감소할 것인지에 대해서는 여전히 확실치 않다. 첫째로 1인당 소득의 증가는 미미할 것이고, 둘째로 연금보험, 건강보험, 간병보험의 부족을 메우기 위해 개인적으로 사보험을 추가로 들어야 하기 때문에 대량 실업이 감소할 것인지에 대해서는 여전히 의구심이 남는다. 1인당 소득의 증가가 미미하고 사보험도 추가로 들어야 하는 상황이라면, 소비는 줄어들 것이고 그로 인해 국민 경제의 수요와 생산은 줄어들 것이며, 노동력 수요 역시 줄어들 것이다.

그래서 기술 진보로 경제 생산성을 향상시킬 수 있다는 안(案)이 제안되었다. 현재 매년 15% 성장하고 있는 생산성이 기술 진보로 2050년까지 2배가 되면 노동자의 실제 1인당 소득도 2050년까지 2배로 증가할 수 있을 것이다.

하지만 취업 가능 연령층인 20~60세가 2050년까지 1,600만 명이 줄어들 것이기 때문에, 그때까지 생산성이 2배가 된다 해도 국내총생산은 2배가 아니라 3분의 1 증가하는 데 그칠 것이다. 동시에 60세 이상의 인구수도 100만 명이 증가할 것이다. 현재보다 겨우 3분의 1

도표20 2050년까지의 독일 인구와 국내총생산에 대한 예측

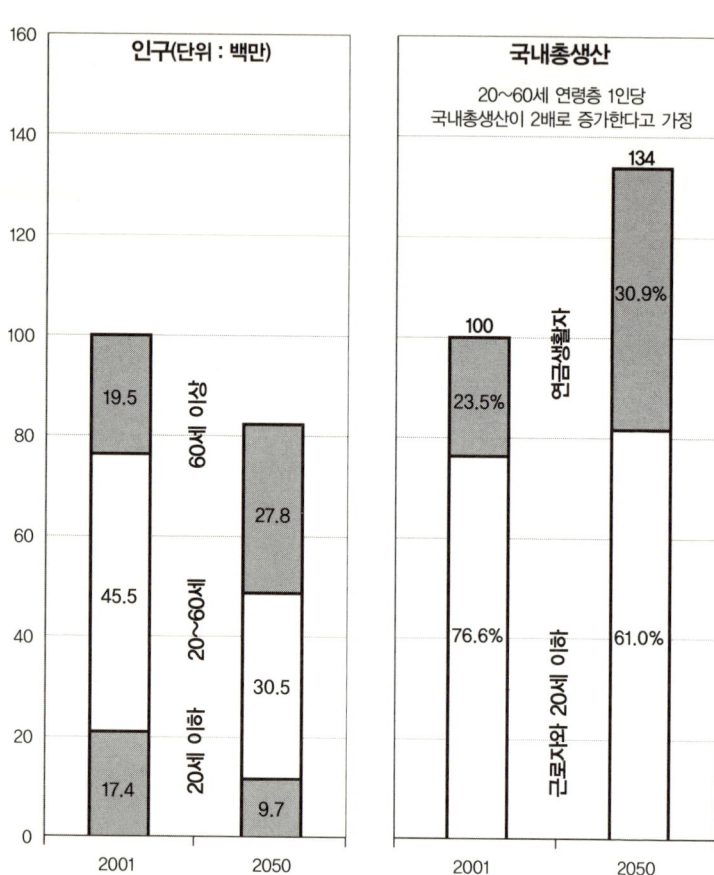

합계에서 편차는 반올림함.

출처 : 헤르비히 비르크, 빌레펠트 대학교, 2005년.

인구 추계를 위한 데이터 : 헤르비히 비르크 및 E.-J. 플뢰트만, 2000년도 연금 개혁을 위한 인구 추계, 빌레펠트 대학교 인구연구와 사회정치 연구소 자료, 47A, 빌레펠트 대학교, 2001년, 제5판, 142쪽.

증가한 국내총생산 중에서 상당히 높은 비율을 이들을 부양하는 데 써야 한다. 따라서 생산성과 실제 1인당 소득이 2배가 된다 해도 근로자가 소비할 수 있는 소득은 2배가 훨씬 못 될 것이다(도표 20).

여기서 얻은 결론은 다음과 같다. 현재의 번영을 확고히 하고 증대시키기 위해서는 생산성 성장률을 높여야 한다. 지난 수십 년을 돌이켜보면 현재 생산성 성장률의 2배에 해당하는 3%라는 수치는 실현 가능하다. 생산성 향상이 1.5%에서 3%로 2배가 되면 2050년까지 인플레이션을 배제했을 때 1인당 소득은 거의 4배에 달하고, 국내총생산은 (근로자수의 감소 때문에) 약 2.5배 증가할 것이다.

그러나 현재 사회보험 자금 체계가 변함없이 유지된다면 근로자 1인당 연금, 건강보험금과 간병보험금이 인구학적 측면으로 봐서 노인 비율처럼 최소한 2배 정도 증가할 것이라는 사실에는 변함이 없다. 이것으로 판단컨대 근로자 1인당 연금, 건강보험금과 간병보험금의 증가는 생산성 향상 정도와는 무관한 것으로 보인다. 그렇다면 사회보험 자금 체계와 근로자 1인당 사회보험 부담금과의 관계에 대해 공식적으로 의견 일치를 봐야 한다. 그렇지 않으면 독일 사회는 정보사회에서 점점 거짓 정보를 유포시키는 사회로 변모할 것이다.

노년층의 인구 폭발 및 청소년층의 인구 내파(人口內破)*는 국민경제를 성장 시장과 수축 시장으로, 또 승자 부문과 패자 부문으로

---

* 특정 지역에 인구가 집중하는 인구 이동의 한 특성을 말한다. 이러한 인구 내파 현상으로 인해, 특히 개발도상국에서는 과대도시 혹은 종주도시가 출현하게 된다.(옮긴이)

나누어놓을 것이다. 모든 사업 부문의 총체로서 국민 경제는 근로자수의 감소를 완화시키기 위해 노년층 인구를 생산 과정으로 끌어들일 수 있다면 좀더 발전할 수 있는 기회를 얻게 될 것이다. 더 많은 연금생활자가 다시 정규직 근로자가 될수록 사회보험 부담금은 줄어들 것이다. 오늘날 국가 경쟁력이라는 측면에서 보았을 때 사회보험 부담금은 독일 특유의 단점으로 작용한다.

노령화 사회가 젊은 사회보다 덜 혁신적이고 덜 생산적이라고 할 수는 없다. 2001년을 기준으로 평균 연령이 23세인 인도 국민들은 1인당 소득이 460달러였지만, 독일은 국민 평균 연령이 40세인데도 1인당 소득이 인도보다 50배가 넘는 2만 3,700달러를 기록했다. 독일은 고용되지 못한 채 변화를 기다리는 노년층의 인적 자원 속에 숨겨져 있는 생산성을 찾아내기 위해 사회적 개혁과 혁신, 그리고 아이디어가 필요하다. 인구 고령화에도 불구하고 생산성 향상에 박차를 가해 성공한다면, 현재까지 이룬 번영을 유지 혹은 증대할 수 있을 것이다.

이것을 통해 낙관주의자들은 근로자수의 감소가 생산성 향상으로 상쇄된다면 인구 감소 때문에 극복하지 못할 경제적 문제들은 발생하지 않을 것이라고 보고 있다. 하지만 생산성을 향상시키기 위해서는 학교나 모든 삶의 영역에서 성취를 중요시 여기는 사회가 전제 조건이 되어야 한다. 그리고 인구가 감소하면 국민 1인당 국채가 늘어난다는 사실도 염두에 두어야 한다.

점점 줄어드는 다음 세대가 위축감을 느낄 만큼 증가하는 국채를 어떻게 갚아나가야 할지 아무도 알지 못한다. 이런 시각에서 보면 세대 규모가 점점 작아지는 상황에서 세대간 공평성을 실현하려는 목표는 실현 불가능한 것처럼 보인다. 다음 세대는 이것 때문에 상처를 받게 될 것이고 성취 의욕도 잃게 될 것이다.

Die ausgefallene Generation **I**

13
인구학과
사회 정의

인간에게 필요한 모든 가치들의 실제적 원천은 인간이다.
후손들이 자본을 이용해 수익을 창출해야만
노년의 사회적 안전이 보장되므로 자본을 소유하는 것은 중요하다.
하지만 그것보다도 더 중요한 것은 후손들이 존재해야 한다는 것이다.
후손 없는 자본은 소용이 없기 때문이다.

■ ■ ■

노인을 위한 모든 사회적 안전 장치들이 제 기능을 발휘하지 못한다면, 노인의 사회적 보장을 책임질 수 있는 마지막 원천은 무엇일까? 미국의 경제학자이자 인구학자인 줄리언 사이먼(Julian Simon)은 자신의 저서 『최후의 자원(The Ultimate Resource)』에서 그 답을 말하고 있다. 즉, 인간에게 필요한 모든 가치들의 실제적 원천은 인간이라는 것이다. 후손들이 자본을 이용해 수익을 창출해야만 노년의 사회적 안전이 보장되므로 자본을 소유하는 것은 중요하다. 하지만 그것보다도 더 중요한 것은 후손들이 존재해야 한다는 것이다. 후손 없는 자본은 소용이 없기 때문이다.

1955년 쾰른 출신의 대학 강사였던 빌프리트 슈라이버(Wilfried Schreiber, 국민경제학자이자 기독교 기업연합 회장)가 제안하고 1957년 콘라트 아덴아우어(Konrad Adenauer)가 획기적인 연금 개혁으로 실현한 사회보험제도(중간 세대가 동시대를 살아가고 있는 연금생활자의 연금을 지불하는 것)를 통한 노인 사회보장은 인구학적 측면에서 보았을 때 원칙적으로 최상의 해결책이다. 물론 이때 기반이 되는 인구 수가 세대를 넘어서도 유지되어야만 모든 것이 가능하다. 이러한 전제 조건들이 성립되지 않으면 분담금을 산정하는 데 심각한 문제가 생긴다. 사람들이 '항상' 아이를 많이 낳는다고 생각한 아덴아우어는 슈라이버가 연금관리공단과 별도로 주장했던 '가정관리공단[*]의 필요성을 인정하지 않았기' 때문에, 전제 조건들이 성립되지 않을 경우 문제가 생기는 것이다. 연금공제액을 산정할 때는 삶의 2가지 성과를 공정하게 고려해야만 한다. 한 가지 성과는 돈으로 지불되지 않는 부모, 특히 여성의 노동 활동 및 교육 활동이고, 다른 한 가지 성과는 근로자가 임금을 받고 하는 노동 활동이다.

부모의 노동 활동 및 교육 활동과 근로자의 노동 활동을 각각 3개 등급(상, 중, 하)으로 나누어, 각각을 서로 조합하면 조세 등급보다 더 많은 9개 등급의 연금수혜 집단이 나온다. 이때 9개 등급의 집단을 또 세분화하지는 않는다. 사회적으로 공평하게 하기 위해서는 철저한 개혁을 통해서 독일 사회보험제도에 이러한 세분화를 도입해야 한다.

국민이 법적 연금보험, 건강보험, 간병보험에서 탈퇴해서 현재의 분담금을 가지고 새로운 조합을 중심으로 연합하면 어떤 일이 벌어질까? 이 새로운 조합은 연금생활자, 의료 혜택과 간병 혜택이 필요한 사람들의 수혜 수준을 자녀수에 따라 다르게 적용하는 보험료율처럼 차등화할 것이고, 그 이외의 모든 것은 분담금으로 자금을 조

---

[*] 부모에게 지불되는 아이들 수당을 관리하는 공단.(옮긴이)

달하는 현 부양체제에서는 부당한 것으로 여겨 거부할 것이다. 실제로 정계에서 이 규정에 찬성하는 사람들을 다수 확보하는 것은 그다지 어렵지 않다. 1965년 이후 동년배 가운데 3분의 1이 무자녀 상태라면 이는 자녀를 가진 나머지 3분의 2가 다수로서 자신들의 주장을 관철시킬 수 있다는 것을 의미하기 때문이다.

2001년 4월 3일 연방 헌법재판소는 간병보험에 관해 다음과 같은 판결을 내렸다. 그 판결에 따르면, 현 사회보험체제에서 자녀가 없는 사람들은 금전적으로 사회보험체제에 기여할 뿐 미래의 사회보험 분담금 납부자를 낳아 키우지 않는데도 그들에게 자녀를 낳은 사람들과 같은 수혜권을 부여하는 것은 자녀가 없는 사람을 우대하는 것이기 때문에 헌법에 위배된다는 것이다. 자녀를 낳아 키우는 것은 분담금으로 운영되는 간병보험이 제 기능을 할 수 있게 하는 아주 중요한 전제 조건이다.

법적 간병보험뿐만 아니라 법적 연금보험과 건강보험도 납부된 사회보험 분담금으로 운영된다. 그렇기 때문에 헌법재판소는 판결문을 통해 연금보험과 건강보험이 자녀가 없는 사람들을 우대하는 것은 헌법의 평등 원칙에 위배되기 때문에, 이와 관련해 사회보험 분담금으로 재정을 확충하는 사회보험체계를 검토해줄 것을 정계에 암시한 것이다. 실제적인 검토가 이루어진다면 그 결과는 간병보험의 경우와 비슷할 것이다. 어느 연령층의 동갑내기를 보면 자녀 없이 살아가는 사람의 비율이 4배가 되기 때문에 법적 연금보험과 건강보험에서도 자녀가 없는 사람에게 특혜를 주는 현 사회보험 분담금 방법은 헌법의 평균 원칙을 훼손하는 것이다. 왜냐하면 무자녀인 사람들이 함께 분담하는 아이를 위한 건강보험 지출 비용은 노인을 위한 보험 지출 비용보다 적기 때문이다. 극심한 출산율 저하가 미치는 파급 효과 가운데 하나는, 사회보장제도를 비사회적이고 부당하며 헌법에 위배되는 것으로 만든다는 것이다. 라인란트팔츠 주의 가족 관련 포럼 제목인 "아이가 없는 사람은 아이 덕분에 이익을 본다"는 이러한 사실을 잘 표현한 것이다.

독일의 법적 연금보험은 은퇴한 국민의 90% 이상을 부양하기 위해 마련한 것이다. 이 제도가 기능을 상실한다면 국가 전체는 위험에 처하게 된다. 이제부터 2가지 과제를 논할 것이다. 첫째는 "제 기능을 하게 만들기 위해서 연금체계를 어떻게 개혁할 것인가?" 하는 문제이고, 둘째는 "공평하게 기능을 수행하고 헌법에 위배되지 않게 하기 위해서 연금체계를 어떻게 개혁할 것인가?" 하는 문제이다.

사회보장제도가 제 기능을 할 수 있는가의 여부와 개혁의 여부는 인구 변화에 달려 있다. 현 연금제도에서 수혜자의 수가 노인 비율의 증가로 연금을 지불하는 중년층의 수보다 2배 이상 더 많게 되면(이것은 현실적으로 피할 수 없는 일이다) 법적 연금보험액(현재 임금의 20%이고, 고용인과 피고용인이 절반씩 지불한다)이 2배가 되거나 연금이 적어질 것이다(연금 수준은 과거 평균 수입의 70%였으나, 현재 리스터 연금 개혁에 의해 낮아졌다). 개혁을 위한 몇몇 전제 조건들이 논의되고 있는데, 이 전제 조건들은 각각의 대책들이 그 수위를 넘어서지 않게 하기 위해 상호 결합할 수 있다. 그것을 구체적으로 살펴보면, (1)보험료율을 인상하고 (2)연금 금액을 감소하며 (3)실업률을 낮추고 다른 국민들보다 실업률이 2배 더 많은 여성과 이민자의 직업 활동 참여도를 높이며 교육 기간을 단축하고 출산율을 증대시켜, 후세대의 수를 늘리고 (4)퇴직 연령을 연장시켜 연금수령자수를 줄이고 (5)집세나 임대차 소득에도 사회보험공제를 적용하며 (6)연금보험 비용을 세금에서 일부 지원하는 방법이 있다.

이런 대책의 수위는 마음대로 높일 수 있는 것이 아니기 때문에, 연금액이 감소되는 것은 피할 수 없다. 이미 연금 계산 공식에 '출산율 감소나 인구 고령화 등 인구학적 요소들' 이 포함되어 있어, 연금 수준의 자동 하락이 법적으로 결정된 상태이다. 연금 금액은 노인 인구 비율의 증가와도 관계가 깊다. 노인 인구 비율이 증가하면서 사회보험망에 생긴 구멍은 국민이 최대한 절약해서 국가가 지원해주고 민간 자본으로 운영되는 보험(리스터 연금)에 추가로 가입하여 메워야만 한다.

연금보험과 마찬가지로 건강보험의 경우도 국민의 약 90% 정도가 국민건강보험(GKV)에 가입되어 있고, 약 10%만이 민간건강보험(PKV)에 가입되어 있다. 국민건강보험은 국민연금보험과 마찬가지로 사회보험 분담금으로 운영되며, 그 수가 절대적으로 증가하고 있는 노인들 때문에 더욱 증가하는 건강보험금 지출에 대비한 예비자금을 마련하지 못한 상태이다. 이에 비해 민간건강보험은 인구 고령화로 인해 건강보험금 지출이 늘어나고 수입 증대가 둔화되는 경우 보험료율을 유지하기 위해 예비금을 형성하고 있다. 이 때문에 최근 몇 년간 노인들에게 지출되는 건강보험비는 실제 필요한 것보다 더 높은 보험료율을 적용해 징수하고 있다. 이렇게 해서 형성된 예비금에 이자가 붙을 것이고, 이자가 붙은 예비금은 노인들을 위해 보험금을 인상해야 하는 경우 보험금 인상을 완화하는 역할을 할 것이다. 예를 들어, 노인 1인당 건강을 위해 지출하는 비용은 20세 연령층과 비교할 때 약 8배 정도 더 많다. 1인당 건강보험 지출액 곡선은 연령이 증가하면서 경사가 더 급해진다. 다양한 연령층의 인구 분포는 1인당 지출 비용 곡선을 해마다 가파르게 이동시키는데, 이것은 인구학적 요소들 때문에 지출 비용이 늘어나는 것을 의미한다(도표 21, 22).

나이 든 연령층이 젊은층보다 더 자주 아프기 때문에 노인을 위한 1인당 공단 건강보험 지출액은 더 많다. 그뿐만 아니라 생의 마지막 종착역으로 다가갈수록 지출 비용이 비약적으로 늘어나기 때문에 인구 고령화 심화도 지출 비용 증가에 한몫을 한다. 1990년대 20~25세 남자의 경우 연간 사망자수는 1,000명당 1명이었고, 80~85세 남자의 경우는 1,000명당 111명, 90세 이상 남자의 경우는 1,000명당 256명이었다. 노령화 사회가 되면서 2000년에서 2050년까지 사망자수는 해마다 80만 명에서 120만 명으로 늘어날 것이기 때문에, 사망 전까지 쇠약해져서 지출하는 건강보험 비용의 증가 역시 예견된 일이다.

60세까지 사망 가능성이 아주 낮기 때문에 사망 관련 경비는 노년층보다 중년층이 더 많이 들지만 중년층 사망 빈도수가 낮기 때문에 그 중요성은 그다지 크지 않다. 49세까지의 남성과 55세까지의 여성이 앞으로 1년 안에 사망할 가능성은 신생아 사망률보다 낮다.

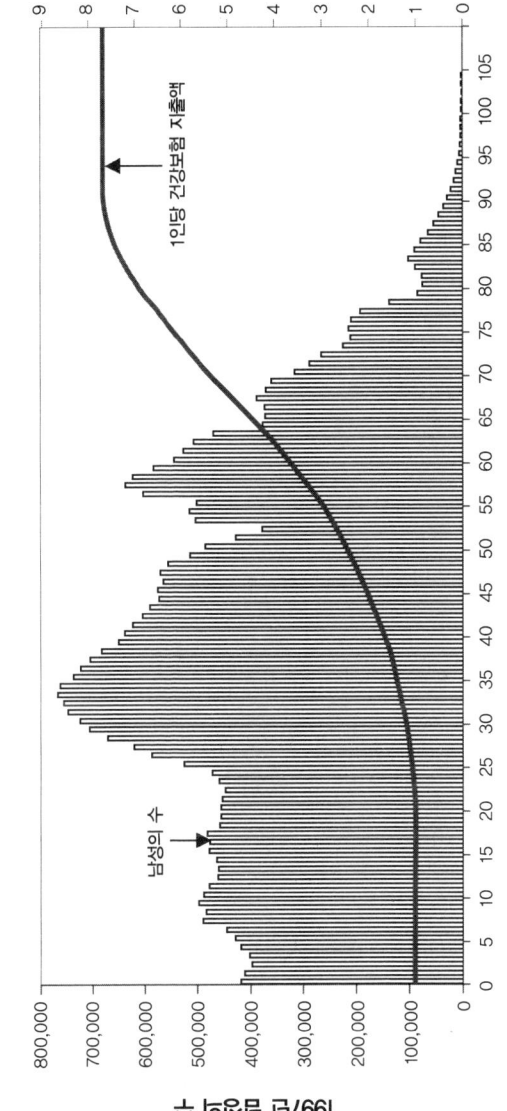

도표 21 1997년 남성 인구 연령층 분포와 연령에 따른 1인당 건강보험 지출액

출처와 데이터: 헤르비히 비르크, 유럽 인구 감소의 역동성과 노령화: 독일의 결과, 슈투트가르트, 통계청 출판: 인구학상 변화, 도전과 형성 영역, 통계학과 정보 관리, 2003/2호지, 42쪽.

인구학과 사회 정의 177

도표22 인구 변화에 따른 건강보험 지출액 상승 추정과 국민건강보험에 대한 보험료율의 효과 추정

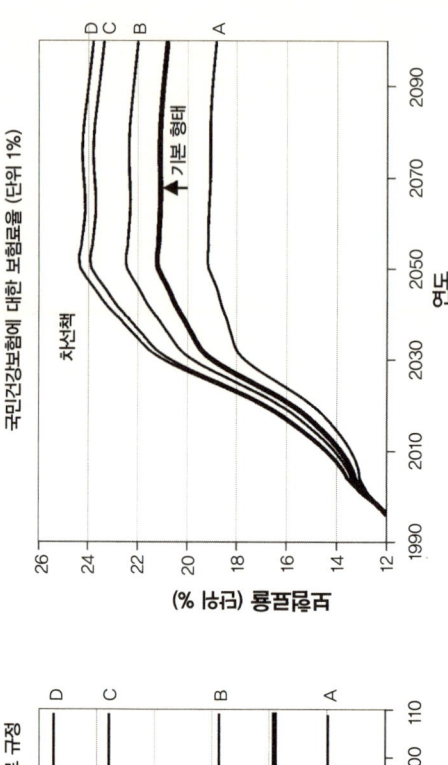

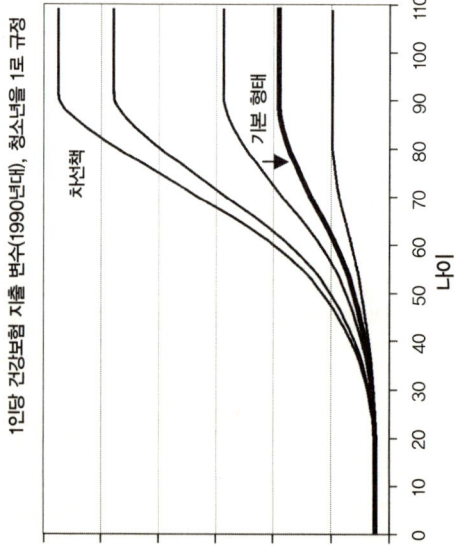

출처와 데이터: 헤르비히 비르크, 유럽 인구 감소의 역동성과 노령화: 독일의 결과, 슈투트가르트, 통계청 출판: 인구학상 변화, 도전과 형성 영역, 통계하과 정보 관리, 2003/2호지, 42쪽.

178 사라져가는 세대

평균 연령의 상승 이외에 의학 기술 발달로 연령에 따른 1인당 건강보험 지출액 곡선이 계속 위로 옮겨지기 때문에 건강보험 지출액도 계속 상승할 것이다. 독일 하원의 '인구 변화'에 대한 여론조사위원회가 연구소의 결과를 바탕으로 파악한 것처럼 젊은이와 노인 1인당 지출 비용의 차이는 1990년대에 1 : 8을 유지했지만, 인구 고령화로 2040년까지 그 차이는 1 : 20까지 증가할 수도 있다.

하지만 인구 변화에 따라 분담금 납부자의 수가 점점 줄어들고 있기 때문에, 인구 고령화는 건강보험 지출을 늘릴 뿐 아니라 법적 국민건강보험의 수입을 둔화시킨다. 지출과 수입의 막대한 차이는 앞으로 법적 건강보험료율을 지속적으로 상승시킬 것이다. 건강보험료율은 의학 기술 발전이 건강보험료 추가 지출 요인이 되지 않은 한(거의 가능성이 없는 일이다) 2005년 약 14%에서 수십 년 내에 20~25%로 상승할 것이다.

인구 고령화는 법적 건강보험에서와 마찬가지로 간병보험(SPV)에서도 수입은 감소시키고 지출은 증가시킨다. 여기서도 역시 간병을 위해 지출되는 1인당 비용은 연령이 증가하면서 급격히 상승한다. 1996년을 예로 들면, 35~39세의 경우 가입자 1,000명당 4명이 간병보험 혜택을 받았고, 65~69세 연령층에서는 약 24명, 80세 이상인 경우 280명이 간병보험 혜택을 받았다. 80세 이상 노인 중 33%는 간병을 필요로 하는 사람들이고, 이들 중 대부분은 간병 시설이 아니라 가정에서 보살핌을 받고 있다. 21세기 초에는 간병이 필요한 노인의 수는 200만 명이지만, 인구통계상으로 보면 80세 이상 노인의 수가 2050년까지 약 1,000만 명에 육박하기 때문에, 2050

년까지 간병이 필요한 노인의 수는 약 300만 명으로 늘어날 것이다. 앞으로 고령자들의 건강 상태가 더 좋아진다면, 사망자수의 증가가 80세 이상 노인의 수 증가보다 심하지는 않을 것이다.

여러 연구소에서 내놓은 인구 관련 시뮬레이션 계산에 따르면, 법적 간병보험료율은 현재 1.7%에서 2040년까지 약 3~6% 정도로 상향조정되어야만 한다. '인구학상 노인 간병 비율'을 추산해보면, 인구 고령화가 지출을 유발할 것이라는 사실을 알 수 있다. '인구학상 노인 간병 비율'이란 주로 간병 활동을 하고 있는 20~40세 젊은이 100명에게 부과되는 고령자수를 의미한다. 노인들의 건강이 좋아지는 것과 평균 수명이 점점 늘어나는 것을 고려한다면, 고령자는 85세 이상의 그룹 내지 90세 이상의 그룹을 말하며, 그에 따른 간병 활동을 할 수 있는 젊은층은 40~60세, 45~65세로 정의할 수 있을 것이다.

간병 활동 대부분은 간병이 필요한 사람들의 가족 구성원이나 그 자녀들이 한다. 가족 이외의 사람들이 간병을 해줘야 하는 사람들은 대부분 자녀가 없는 사람들이기 때문에 그 수가 급격히 증가할 것이다. 간병보험료를 책정할 때 자녀의 수와 그들의 간병 활동을 고려하지 않으면 간병보험료를 불공평하게 책정하게 될 것이다. 2001년 4월 간병보험에 대한 헌법재판소의 판결은 이런 관점을 고려한 것이다. 판결의 원칙은 법적 연금보험과 건강보험을 공평하게 개혁하는 데도 의미가 있다. 헌법에 합치되고 국민이 느끼는 형평성을 훼손하지 않으려면 개혁을 할 때 어떤 전제 조건에 주의를 기울여야 하는가?

모든 사람들은 처음에는 수령자(E)였다가 그 후에는 후원자(U)가 되고 다시 다른 세대들의 노력의 결과로 수혜 혜택을 받는 수령자 (E)가 된다. 왼쪽에서 오른쪽으로 이 세 단계(E, U, E)를 나열하면, 여러 세대들 간의 활동성은 수직 화살표로 표시된 도식으로 나타낼 수 있다.

평균 수명이 연장되면서 부모 세대 및 조부모 세대의 구성원뿐만 아니라 증조부모와 함께 사는 사람들이 점점 늘어나게 된다. 노년 층 세대를 위한 모든 노력의 결과는 위쪽을 향하고 있는 화살표들 속에 집약되어 있고, 아래쪽을 향하고 있는 화살표들은 다음 세대들을 위한 노력의 결과를 말하는 것이다.

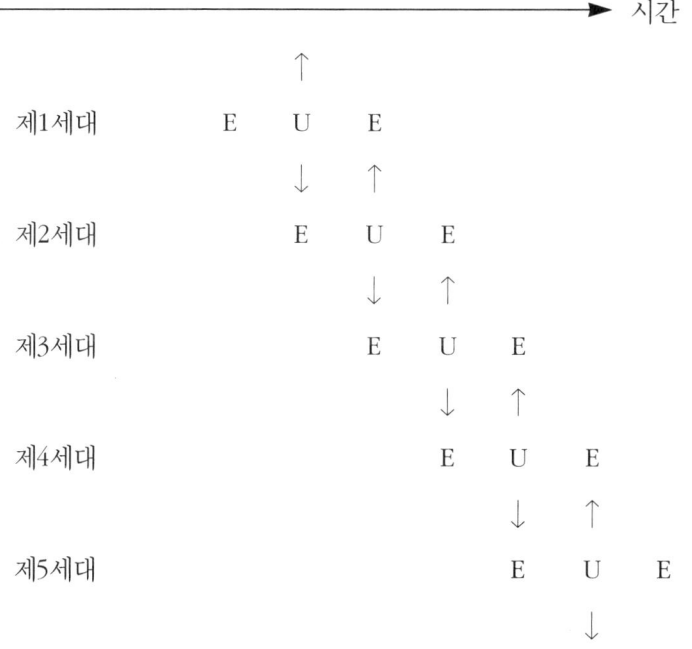

독일에서는 자신이 노력을 하면 결국 다음 세대가 노력한 결과의 혜택을 받게 된다는 세대간의 관계를, 서면으로 존재하는 것은 아니지만 '세대간 계약'이라고 부른다. 서면으로 된 세대간 계약이 있다 한들 이 계약이 준수되리라는 보장은 없다. 계약이 효과를 발휘하기 위해서는 세대간의 의무를 서로 이행하려는 마음가짐이 중요하다. 세대간 계약에서 중요한 것은 2세대가 아니라 최소한 3세대가 관여되어 있다는 것이다. 조부모를 거쳐, 자녀, 손자손녀들까지 지원하다 보면 4세대로 구성된 세대간 계약이 형성된다. 모든 사람들은 인생에 두 번, 즉 인생의 처음과 마지막에 다른 세대의 지원을 받고 자신들의 노력의 결과로 선조 세대와 후손 세대를 지원한다.

이런 상황은 '3세대 계약'이라는 개념으로 표현할 수 있다. 이것을 '2세대 계약'이라는 표현하는 것은 잘못된 것이다. 2세대 계약이라고 하면, 중간 세대는 예를 들면 법적 연금보험에 불입한 것만으로 자신이 노년에 부양을 받을 수 있는 의무를 완수했다고 착각할 수도 있다. 하지만 중간 세대는 이런 연금 불입으로 자신이 아동기와 청소년기에 받았던 수혜를 부모 세대에게 돌려주는 것이다. 자신이 노년이 되었을 때 받을 수혜는 후세대들의 몫이다. 세대간 계약, 또는 노년의 부양 확보는 후세대의 수적 규모와 관련이 있다.

출산율에 따라서 세대의 규모가 결정된다는 것을 인정하는 것은, 모든 사회 존속 문제에 있어서 아주 중요하다.

중간 세대 구성원 1인당 총부담은 청소년 비율(20~60세 인구 100명당 15세 이하 인구수)과 노인 비율(15~65세 인구 100명당 65세 이상 인구수)로 표현된다. 청소년 비율과 노인 비율의 합은 '지원 비율'로 표

표14 1998~2100년의 청소년 비율 및 노인 비율 추정

	청소년 비율[1]	노인 비율[2]	지원 비율[3]
1998	38.0	38.6	76.6
2000	38.1	42.8	80.9
2010	33.2	48.3	81.5
2020	31.3	59.9	91.2
2030	33.1	81.3	114.4
2040	32.1	85.9	118.0
2050	31.9	91.4	123.3
2060	32.7	92.6	125.3
2070	33.1	93.0	126.1
2080	33.2	92.2	125.4
2090	34.0	90.9	124.9
2100	34.5	88.7	123.2

1) 20~60세 인구 100명당 20세 이하 인구.
2) 20~60세 인구 100명당 60세 이상 인구.
3) 청소년 비율과 노인 비율의 합계.
출처: 헤르비히 비르크, 『인구학의 시대 변천』, 제4판, 2005년 뮌헨, 181쪽.

현되기도 한다. 독일의 청소년 비율은 1998년 38.0에서 2050년에는 31.9로 줄어들 것이다. 같은 기간 노인 비율은 38.6에서 91.4로 늘어날 것이고, 두 비율의 합은 76.6에서 123.3으로 증가한다(표 14). 이런 결과는 8장에서 서술한 출산율과 인구 변화 예측을 근거로 한 것이다.

한 사회가 고출산율과 저출산율 중 하나를 택할 수 있다면, 어느

쪽을 추천할 것이며, 인구 변화에 따른 중간 세대의 부담을 덜어주려면 어느 쪽을 지향해야 할까? 출산율이 낮으면 젊은 세대를 지원해야 하는 중간 세대의 부담은 적어지지만, 그 대신 노년 세대를 지원해야 하는 부담은 더욱 커진다. 출산율이 높으면, 두 세대에 대한 부담금의 합은 U자형 곡선처럼 처음에는 감소하다가, 나중에는 다시 증가한다. 출산율이 여성 1인당 2명인 경우 U자형 곡선의 가장 아래 점에 이르면 부담도 가장 적어진다. 이것은 수학적으로 유추한 결과이다.*

따라서 출산율이 여성 1인당 약 2명인 미국은, 수학적으로는 다음 세대들을 지원해야 하는 부담을 최소로 할 수 있다. 다시 말해 부담 기준으로 보면, 미국의 출산율이 최적이다. 독일은 낮은 출산율 때문에 다음 세대를 지원해야 하는 부담 비율은 바람직하지 못한 상태이다. 〈표 15〉와 〈표 16〉을 보면 표본으로 선택된 다양한 출산율에 대한 부담 비율을 알 수 있다. 〈표 15〉와 〈표 16〉에서는 〈표 14〉에서처럼 20/60세를 나이 한계선으로 잡지 않고, 기술적인 이유에서 15/65세를 나이 한계선으로 잡고 있다. 하지만 나이 한계선이 같았다면 결과들도 일치했을 것이다. 최적의 출산율은 나이 한계치를 15/65세로 잡았을 때도 여성 1인당 2명이다.

수학적 방법으로 계산한 여성 1인당 자녀수가 약 2명이라는 최적 출산율은, 지금까지 사람들이 설문조사에서 항상 두 자녀가 가장 이상적이라고 대답해온 것으로 미루어보건대 사람들의 주관적인

---

* 헤르비히 비르크, 『인구학의 시대 변천』, 제4판, 뮌헨, 2005, 161쪽. (지은이)

표15 출산율에 따른 장기적 연령 분포

여성 1인당 자녀수	연령 집단			장기적 연령 분포를 나타내는 국가들의 예
	0~14	15~64	65이상	
0.8	4.1	46.1	49.9	–
1.0	6.0	50.9	43.1	홍콩
1.1	7.0	52.8	40.2	라트비아
1.2	8.1	54.5	37.5	이탈리아, 스페인
1.3	9.2	55.9	35.0	–
1.4	10.3	57.1	32.7	독일, 일본
1.5	11.4	58.1	30.6	유럽연합
1.6	12.5	58.9	28.7	스웨덴
1.7	13.6	60.6	26.9	네덜란드
1.8	14.6	60.1	25.3	중국
1.9	15.7	60.5	23.8	프랑스
2.0	16.8	60.9	22.4	최저, 미국
3.0	26.6	60.6	12.9	인도
4.0	34.4	57.5	8.1	케냐

전제 조건은 〈표16〉을 참조.

느낌과 일치하고 있다. 사람들의 주관적 가치와 수학적 계산이 일치하기 때문에 정책적 측면에서 보면 이러한 결과는 아주 고무적이다. 그러므로 대다수 국민이 이상적이라고 생각하는 여성 1인당 2명의 자녀를 가질 수 있도록 실제적으로 생활 여건을 만들어주는

표16 출산율에 따른 장기적 청소년 비율, 노인 비율, 지원 비율

여성 1인당 자녀수	청소년 비율[1]	노인 비율[2]	지원 비율[3]	장기적 연령 분포를 나타내는 국가들
0.8	8.9	108.2	117.1	-
1.0	11.8	84.7	96.5	홍콩
1.1	13.3	76.1	89.4	라트비아
1.2	14.9	68.8	83.7	이탈리아, 스페인
1.3	16.5	62.6	79.1	-
1.4	18.0	57.3	75.3	독일, 일본
1.5	19.6	52.7	72.3	유럽연합
1.6	21.7	48.7	70.0	스웨덴
1.7	22.7	44.8	67.5	네덜란드
1.8	24.3	42.1	66.4	중국
1.9	26.0	39.3	65.3	프랑스
2.0	27.6	36.8	64.4	미국
3.0	43.9	21.3	65.2	인도
4.0	59.8	14.1	73.9	케냐

1) 15~64세 인구 100명당 0~14세 연령 집단
2) 15~64세 인구 100명당 65세 이상 연령 집단.
3) 청소년 지수 및 노인 지수의 합계.
전제 조건 : 쉽게 비교하기 위해 계산할 때 모든 국가의 사망률은 동일한 것으로 가정.
여성 1인당 자녀수는 각국의 실제 상황에 맞게 열거함. 이민 이입과 이출은 없는 것으로 가정.

것이 무엇보다 중요하다. 여성 1인당 자녀수가 2명이면 또 다른 목표를 실현할 수 있다. 즉 인구수와 연령 구조를 이민자 이입과 이출 없이도 안정적인 상태로 유지할 수 있다.

그러나 성공적인 직업 교육을 마친 뒤에도 일자리가 없다면 출산율 증가도 의미가 없다는 반론이 제기되고 있다. 2030년에서 2040년까지 10년간만 본다면, 이 시대를 사는 사람들에게는 자녀가 적거나 아예 없는 것이 더 적합할지 모른다. 하지만 그 이후의 사람들에게는 자녀가 적거나 없다는 것은 여러 측면에서 문제를 불러일으킬 것이다. 출산율이 증가하면 일시적으로 인구 변화에 따른 부담이 증가하겠지만, 장기적으로 볼 때 태어난 아이들이 평생 실업자로 있지 않는다면 훨씬 더 유리할 것이다.

이러한 장단기간의 장단점을 고려하는 것은, 선거를 겨냥한 정치 공약을 훨씬 넘어선 것이라는 사실을 인정해야 한다. 정치가 한 번도 가까운 장래의 목표를 실현시키지 못하고 실업률을 감소시키지 못한다면, 어떻게 이보다 더 긴 장기간의 목표를 실현할 수 있겠는가. 차라리 다른 방향을 모색하는 편이 더 나을 것이다. 자녀가 없는 사람들은 보통 미래에 대한 걱정을 덜하게 된다. 하지만 아이들은 어쨌든 미래를 존재하게 해주는 필수 조건이며, 앞으로도 그럴 것이다.

Die ausgefallene Generation

14
지역간의
인구 문제

지역간의 인구 변화 문제는 법적 대책을 세워도 해결하기가 쉽지 않다.
기본권에 보장된 자유로운 이주 권리 때문에 이주를 제한하여
전출입을 통제하려는 대책은 실효를 거두기가 어렵기 때문이다.
그러나 지역별 소득세의 세분화나 기업의 입지 결정,
주거지 결정에 영향을 줄 수 있는 유인 정책은 생각해볼 수 있을 것이다.

■ ■ ■

한 나라의 인구 변화 조건들은 국제적 인구 수준을 결정하는 요인이기 때문에 중요하다. 연금보험, 건강보험, 간병보험의 보험료를 고용주와 근로자가 절반씩 부담하는 독일에서는 인구 변화가 사회보장체계 비용을 증가시켜 국제시장에서 생산 비용과 상품 가격을 올려놓는다.

결과는 불 보듯 훤하다. 일자리가 해외로 빠져나갈 것이고 외국인의 투자는 몇몇 부문에만 한정될 것이다. 저출산율 때문에 독일의 경제 전망은 밝지 않다. 게다가 젊고 교육받은 실력 있는 노동력의 부족 현상도 심화될 것이다.

인구 감소라는 세계적인 추세는 독일의 지방에서도 나타나고 있다. 지역적 차원에서 출산율을 증가시키기 위해, 출산 장려와 이민 이입 이외에 다른 행정구역으로부터의 전입을 고려해야 한다. 인구 균형이라는 측면에서 보면, 사망자와 해외 이주 이외에 독일 내 다른 행정구역으로의 전출 역시 고려해야 한다.

이민 관련 동향은 출생과 사망이라는 자연적인 요소에 비해 한 지역의 인구 변화에 3~5배 더 큰 영향을 미친다. 오늘날 대도시의 경우, 연간 평균 출생아 1명당 이민자는 3~5명꼴로 이입되며, 사망자 1명당 이에 몇 배가 되는 이민자가 이출된다. 독일에서 어쨌든 도시가 형성될 수 있었던 것은 출산율이 그래도 높은 지역에서 사람들이 전입해왔기 때문이다. 18세기 출산 부족과 사망 증가로 인구가 감소한 현상을 페스트 때문에 인구가 감소한 현상과 비교했다.

100년 이상 지속되어온 전무후무한 출산율 감소는 도시뿐만 아니라 지방에서도 나타나고 있지만, 도시와 지방의 출산율은 차이가 있다. 한 연령층을 특정 시점을 기준으로 해서 조사한 지역별 출산율 차이는 한 특정 지역의 시대별 출산율 차이보다 더 크다.

평균 수명 역시 지역에 따라 다르게 나타나는데, 440개 시군 단위별로 보았을 때 남성의 평균 수명은 70.1세에서 78.2세까지로 차이가 났고, 여성의 경우는 77.1세에서 83.1세까지로 차이가 났다. 여기서 평균 수명이 높은 것을 단순히 건강을 촉진하는 지역의 생활 조건 및 환경 조건의 영향 때문이라고 해석해서는 안 된다. 이주하는 데 어떤 선택 요건이 작용하는지에 따라서 전입이 되기도 하고 전출이 되기도 하기 때문에 평균 수명에 차이가 나는 것이다.

예를 들어, 알프스 산맥에 근접해 있는 슈타른베르크[*] 지역의 남성 평균 수명(78.2세)은 전체 남성 평균 수명보다 높은 데 반해, 겔젠

---

[*] 바이에른 주에 속함.(옮긴이)

키르헨과 같은 루르 지역[*]의 남성 평균 수명(72.6세)은 전체 남성 평균 수명보다 낮다. 이것은 지역별 생활 여건 때문에 남성 평균 수명이 단축된 것이라기보다는, 바이에른 주로 이주해온 노트라인 베스트팔렌 주 사람들 대부분이 평균 이상의 교육을 받고 건강을 생각하는 젊은 사람들이기 때문이다.

해마다 440개의 시군 행정구역에서 400만 명이 거주지를 옮긴다. 한곳으로의 전입은 다른 어딘가에서는 전출이기 때문에 국내 이동은 인구를 얻는 지역과 잃는 지역으로 나뉜다. 수십 년 동안 독일 사람들은 대부분 북쪽 주에서 남쪽 주로 이동하고 있고, 1990년 이후에는 구동독에서 구서독으로 이동하고 있다. 특히 평균 이상의 교육을 받은 젊은이들이 많이 이동하여 독일 내에서 일종의 두뇌 유출(brain drain) 현상을 낳았는데, 오히려 이 덕분에 바덴뷔르템베르크와 바이에른 주는 인구 변화뿐만 아니라 경제적인 측면에서도 이득을 보고 있다.

메클렌부르크-포어폼메른 주의 경우, 20~35세 여성의 5분의 1이 다른 지역으로 빠져나갔다. 이것은 잠재적 경제 성장에 부정적인 영향을 미치며 추가 전출을 부추길 수도 있다. 이 연령대의 여성들이 대부분 출산을 하기 때문에 지역 개발 정책이나 지역 정책으로는 해결되지 않는 인구 감소와 경제 쇠퇴의 소용돌이가 몰아칠 것이다. 전출이 이루어진 지역은 마이너스가 되지만 전입이 된 지역은 이로 인해 긍정적인 영향을 받게 된다.

---

[*] 노트라인 베스트팔렌 주에 속하는 지역으로 독일에서 공업지역으로 유명함.(옮긴이)

인구가 지속적으로 감소하는 상황에서는 교육을 받은 젊은 인적 자원의 경쟁이 심화된다. 지역간의 인구 변화 문제는 법적 대책을 세워도 해결하기가 쉽지 않다. 기본권에 보장된 자유로운 이주 권리 때문에 이주를 제한하여 전출입을 통제하려는 대책은 실효를 거두기가 어렵기 때문이다. 그러나 지역별 소득세의 세분화나 기업의 입지 결정, 주거지 결정에 영향을 줄 수 있는 유인 정책은 생각해볼 수 있을 것이다.

18, 19세기와는 달리, 오늘날은 평균 출산율이 낮아서 도시 거주지역의 과도한 사망률이 지방의 높은 출산율로는 더 이상 상쇄되지 않는다. 440개 모든 행정구역의 출산율은 현 상태를 유지할 수 있는 여성 1인당 자녀수 2.1명에도 미치지 못하고 있다. 2000년에 클로펜부르크의 출산율(1.91)은 최대치를 기록했고, 하이델베르크의 출산율(0.88명)은 최소치를 기록했다(하이델베르크의 출산율이 최소치를 기록한 것은 여학생 인구 비율이 높기 때문이기도 하다).

이민 이입자가 많다 해도, 1만 3,000개 지역을 인구를 얻는 지역과 인구를 잃는 지역으로 나누는 중요한 요소는 국내 이동이다. 국내에서 팽창하는 거주지역과 축소되는 거주지역은 점점 더 선명한 대비를 보인다.

시골, 소도시, 대도시에 있는 소수인종지역에서 많은 사람들이 전출하여 그 지역이 빈집이 많은 황량한 폐허 지역이 되었다는 것은, 다른 한편으로는 번영하는 또 다른 거주지 지역이 형성되었다는 것을 의미한다. 하지만 여기서 성장하는 지역들이 20~30년 후에도 여전히 전출이 많은 지역의 희생으로 성장할 수 있을 것이라고 오늘날 그 누구도 장담할 수 없으며, 또한 성장하고 있는 지역들도 결국에는 인구 감소 현상이 나타나서 국가 전체가 비애에 휩싸이게 될 것이라고도 장담할 수 없다.

Die ausgefallene Generation

15
인구 변화로 인한
국내외 갈등

독일은 영국이나 미국처럼 자본 적립금으로 재정을 마련하여
노인 부양을 실시하는 것도 아니고 그에 상응하는 자금력도 없기 때문에,
독일 기업의 배당금과 후손들이 감당해야 할 국채 이자는
외국 은퇴자들에게는 도움이 된다.
인구학은 샴쌍둥이처럼 경제와 나란히 발전한다.
어느 한쪽 상황이 힘들어지면 다른 한쪽도 마찬가지로 힘들어진다.

■ ■ ■

독일은 제2차 세계대전 이후 사회법치국가를 발전시키기 위해 집단간·지역간·세대간의 사회적·경제적 격차를 없애는 것을 중요한 목표로 삼았다. 기본법에 명시된 대등한 지역 생활 여건과 남녀평등은 최종 목표인 평등한 사회를 구현하기 위한 단계적 목표들이다. 이런 단계적 목표들은 법적으로 차별 금지를 통해 보편화시켜 모든 삶의 영역으로 확대해가야 한다. 20세기 말까지는 평등한 사회를 구현하는 길이 마치 일방통행로처럼 보였다.

그러나 역설적이게도 사회적·법적 평등 목표에 접근하려고 노력하는데도 소득 분배와 재산 분배에서 점점 더 큰 차이가 나는 정반대 현상이 나타나고 있다. 사회정책은 이러한 정반대 현상이 인구 변화 때문에 감당할 수 없을 정도로 확대될 수 있다는 것을 전혀 예상하지 못했다.

기대와는 달리, 인구 변화는 우리 사회를 물질적 불평등 사회로 역행하게 만들 것이다. 사회는 인구 변화로 인해 이해관계가 대립하는 것에 대비해야 한다. 불평등과 사회적 긴장 상태를 불러일으키는 물질적 원인들이 얼마나 심화될지는 인구학이 예측할 수 있지만, 우리 사회가 수준 높은 연대의식으로 사회적 불평등과 긴장 상태를 받아들여 이 문제를 완화시킬 것인지, 아니면 긴장 상태가 갈등의 정도를 넘어서 폭발할지는 수학적 계산으로는 예측할 수 없다. 문제가 어떻게 발생했는지 이해한다면 좀더 잘 이겨낼 수 있을 것이다.

그러므로 인구 변화로 인해 발생하는 갈등은 정치적 결탁의 결과가 아니라, 인구학적 문제를 대하고 자녀의 출산 여부를 결정하는 사회 구성원의 태도에서 비롯된다는 것을 국민에게 인식시키기 위해 모든 조치를 취해야 한다. 이와 관련하여 결정된 조치들은 존중해야 하며, 특히 그러한 조치를 취했을 때 어떤 결과가 생길지 제대로 인식하고 그것을 책임감 있게 받아들여 복지 측면에서 발생하는 개개인의 손해를 감수해낼 수 있어야 한다. 무지함은 그 어떤 것으로도 보상받지 못한다. 제대로 알아야 책임을 질 수 있는 것이다. 우리 사회가 인구 관련 문제들을 경제적으로나 도덕적으로 어떻게 극복할지는 아무도 모른다.

인구 변화의 여파는 사회를 붕괴시킨다. 사회가 붕괴되지 않으려면 연대의식을 가지고 함께 뭉쳐야 한다. 이것은 가능한 일이지만 지금보다 더 많은 노력과 희생이 필요하다. 완벽하지는 않지만 인구 변화로 인한 국내외 갈등은 크게 4가지로 나누어볼 수 있으며, 그 가운데 인구 변화로 인해 발생하는 국내 문제는 다음과 같다.

첫째, 세대간 분배 스트레스가 커진다.

둘째, 인구 변화로 인해 자치단체, 지방, 각 주들이 성장 지역과 후퇴 지역으로 분열된다.
셋째, 이민자와 토착민이 따로따로 표류한다.
넷째, 자녀가 있는 부류와 자녀가 없는 부류로 사회가 양분된다.

(1)세대간 관계는 사회가 점점 관대해지고 있기 때문에 아마 예전보다 오늘날이 더 나을 것이다. 하지만 여기서는 세대간 관계의 감정적 측면을 말하는 것이 아니라, 중간 세대 그룹 간의 객관적 이해관계 대립을 말하는 것이다. 중간 세대는 어린이와 청소년뿐만 아니라 노년층 세대를 부양해야 하며 인구 변화로 인해 자신의 노년 보장이 점점 흔들리고 있는 것을 감안해야 하기 때문이다.

여러 인구 집단의 연대 해체 경향(예를 들면 차등화된 보험료율)은 사회보장제도의 모든 영역, 특히 법적 건강보험과 간병보험에서 나타나고 있다. 여러 경제부문에서 서로 다르게 나타나는 높은 실업률은, 실업보험도 지금까지 단일화한 보험료율을 여러 지역별로 실업자 비율에 따라 차등화해야 한다는 생각을 갖게 만든다. 토착민 인구 그룹과 이민자 그룹의 인구 고령화는 상당한 차이가 있기 때문에, 연금보험에서도 새로운 연대 해체 경향이 나타날 수 있다. 이민자 그룹의 노인 비율은 독일 토착민 그룹의 노인 비율보다 훨씬 더 낮다.

정치정당에서 특정 이민자로 구성된 인구 집단이 형성된다면, 나이가 많은 토착민과 젊은 이민자 사이의 차이는 법적 연금보험에서 연대 해체 현상을 일으킬 것이다. 즉 오늘날 이미 인구 변화로 인해 리스터 연금개혁이 연금 액수와 노인 비율의 상승을 연관시킨 것과 비슷하게 노인 비율에 따라 보험료율을 차등화할 것을 요구하고 있다. 한 사회 내에서도 여러 인구 집단이 문화적으로 서로 멀어진다면 연령구조가 적절한 인구 집단과 그렇지 못한 인구 집단이 연대의식을 가지고 공동 생활을 하기가 힘들어진다. 문화라는 것은 문화적 공동체 속에 있는 다른 사람들을 위해 기꺼이 희생하려는 마음가짐을 전제로 하기 때문이다.

(2)세대간 갈등과 마찬가지로 구동독 주와 구서독 주가 인구 변화에서 서로 대조를 보이는 것도 중요하게 살펴보아야 한다. 다른 이주와 마찬가지로 구동독 주에서 구서독 주로의 이주도 선택가능하게 되었다. 젊은이와 좋은 교육을 받은 사람들의 이동률이 국민 평균 이동률보다 높다. 구서독 주들, 특히 바덴뷔르템베르크 주, 바이에른 주, 그리고 헤센 남부 지방은 독일 내에서 이주 인구가 가장 많다. 다른 주로부터의 이주로 이 주들의 인구는 앞으로도 20여 년 동안 계속 증가할 것이다.

현재 인구가 늘어난 이 주들은 구동독에서 인적 자원이 몰려들고 있기 때문에 이득을 보고 있다. 구동독 지역은 경제 발전에 결정적인 기여를 하는 20~60대가 2050년까지 절반으로 감소할 것이다. 이런 상황에서는 경기 회복의 기회는 보이지 않고, 국가의 분열과 정반대의 상황들을 극복하기 위한 분배 스트레스가 지속될 것이다. 구동독뿐만 아니라 구서독의 여러 지역에서도 이와 비슷한 현상이 나타나고 있다. 북부 루르 지역도 구동독 주들과 비슷한 인구 침식 과정이 나타나고 있고, 니더작센 주, 헤센 주, 자르란트 주의 몇몇 지역도 마찬가지다.

(3)이주민과 토착민 사이의 이해 갈등은 특히 젊은 연령층에서 심하게 나타난다. 이민자 인구는 출산율 증가와 계속되는 이민 이입으로 늘어나고, 반면에 토착민 인구는 감소하고 있다. 교육 수준이 떨어지는 이민자들은 국가 예산을 증가시키는 신흥 프롤레타리아 하층 계급을 형성할 수도 있다.

공식적 통계에 따르면, 이민자 부모를 둔 독일에서 태어난 아이들 가운데 60%가 하우프트슐레*를 졸업하거나 졸업하지 못한 채 학교를 그만둔다. 20~25세 연령 집단 중 대학교에 다니는 외국인의 비율은 4%에 불과하고, 독일인의 경우는 17%이다. 이러한 차이는 이민자 전체에 걸쳐 나타난다. 몇몇 인종들, 예를 들면 아시아 출신 이민자들이 독일인보다 학벌은 좋지만 제시된 것보다 그 수가 적다.

(4)1965년 이후 출생한 동년배의 무자녀 비율이 3분의 1에 이르면서 사회보장제도가 제 기능을 하지 못하게 되었고, 동시에 새로운 유형의 사회 불평등("가정으로 전이된 착취")이 야기되었다. 연금보험, 건강보험, 간병보험에서 헌법에 위배되는 무자녀자 우대는 민주주의 헌법의 최상위 기본권인 평등 원칙을 훼손하는 것이다(2001년 4월 3일 연방 헌법재판소의 판결).

(5)국가사회보장제도의 부족한 부양 자금은 점점 더 늘어나고 있

---

* 초등학교 4년을 마친 후 김나지움과 레알슐레에 진학하지 못한 학생들이 다니는 5~9학년의 중등학교. 우리나라와 비교해서본다면, 김나지움은 대학을 갈 아이들이 진학하는 학교이고, 레알슐레는 실업계라 생각하면 된다.(옮긴이)

다. 부족한 부양 자금은 개인저축이나, 중국과 같은 저임금 국가에 자본을 투자하여 메워야 한다. 개발도상국의 출산율 또한 심하게 감소하고 있기 때문에, 이제 인구 고령화는 전 세계적인 현상이 되어버렸다. 인구 변화로 인한 부양 비용의 부담은 국제적으로 볼 때 자본의 해외 투자를 통해 다른 식으로 분배되는 것이지 완전히 사라지는 것이 아니다. 왜냐하면 세계 인구도 노령화하고 있기 때문이다.

중국은 2030년대부터 노인 비율이 오히려 미국보다 더 높을 전망이다. 노후가 충분히 보장되지 않은 중국의 노년층이 수억 명으로 늘어난다면, 중국 중년층의 경제적 활동을 통해 선진국가의 노년층(중국에 투자한 선진국 투자자)을 어떻게 함께 부양할 것인가? 그렇다면 선진국의 자본이 중국에 투자되어야 하는 것이 아니라, 중국의 자본이 선진국에 투자되어야 할 것이다.

현 상태 인구를 유지하는 수준 이하로까지 떨어진 출산율 감소와 인구 고령화로 인해 경제·사회의 위험이 증가하고 있기 때문에 20세기 선진국의 발전과 문명의 진보 여부는 불확실하기만 하다. 그렇다면 이러한 연관관계 때문에, 인구 변화의 부정적인 영향들을 인구 개혁으로 없애기 전까지는 인구 변화와 사회 변화의 안정성을 회복하는 것이 전혀 불가능하다는 말인가?

만약 출산율을 높이는 방법이 독일의 청소년들이 경험한 적도 없고 상상해보지도 못한 사회 불안을 야기한다면, 어떻게 독일의 출산율이 높아질 것이라고 생각할 수 있겠는가? 20세기 들어 독일은 두 번의 전쟁과 두 번의 독재정치를 거쳤다. 이런 위기 상황을 함께

한 노년 세대가 21세기 인구 변화로 인한 위기를 극복할 것이라고 생각하는가? 또한 '유희 사회'에서 자란 후손들이 이 위기를 극복할 것이라고 생각하는가?

지난 50년간 서유럽 국가들은 엄청난 경제 발전을 이루어냈다. 이런 성공을 거두기 위해 그 대가로 인구학적 측면의 안정성과 일부 인적 자원을 꼭 희생해야만 했을까?

전 서독 총리였던 헬무트 슈미트(Helmut Schmidt)가 자기 자신을 "독일 연방국가 주식회사의 감사위원장"이라 표현했던 것처럼 독일에서는 한 사회를 흔히 대기업 혹은 주식회사에 비유하곤 한다. 그런데 이런 비유를 하는 이유가 이제 뚜렷해지고 있다. '독일이라는 주식회사'는 현재 무엇보다도 인구 변화로 인한 위협적인 파산을 피해가는 것이 중요하다. 성공에만 익숙한 국민경제에 이것은 새로운 도전이다. 프로이센 출신 장군이자 전쟁 철학가인 카를 폰 클라우제비츠(Carl von Clausewitz, 1780~1831)*에 따르면, 전쟁에서 패배한 후 질서정연하게 퇴각하는 것은 전쟁에서 승리하는 것보다 훨씬 더 힘들다.

한 국가의 인구 부족을 경제의 힘으로, 다시 말해 자국내의 생산성 향상과 성장하고 있는 저임금 국가에 자본을 투자하는 것으로 메울 수 있는가? 인구 사정이 빨리 안정을 되찾는 것은 불가능하기 때문에 이 질문은 더더욱 의미가 깊다. 선진국이 저임금 국가에 자본을 투자하게 되면 원칙적으로는 양쪽 국가 모두 이득을 얻는다. 하지만 양쪽 국가뿐만 아니라 세계 전체가 고령화되기 때문에, 자본 해외 투자는 국제적 분배 측면에서 볼 때 자본 소득의 지역적 분배 문제를 일으킬 뿐만 아니라, 자본 소유권자이면서 수익 수령자인 사회 집단과 관련된 사회적 분배 문제를 일으킨다. 패자가 잃은 만큼 승자가 얻는 그런 게임이 아니고 두 나라가 모두 이득을 취하는 게임이라 해도 그 과정에서 승자와 패자는 있게 마련이다.

그렇게 되면 독일 입장에서 볼 때 새로운 국제적 갈등이 생길 수밖에 없게 된다. 영국이나 미국의 사회보장제도는 자본금 적립에 근거하고 있지만, 독일의 사회보장제도는 공제금에 의해 재정이 확충되기 때문에 국제적 경쟁력을 갖춘 자본펀드와 국제적 명성을 지닌 은행들이 발전하지 못했다. 외국인 주주들은 은퇴 후 막대한 펀드 자산을 국제적으로 높은 이자를 얻을 수 있는 곳에 투자하여 자신의 노후 생활을 보장하려 하기 때문에 외국계 노후 보장 펀드를 성공적인 것으로 평가한다.

외국계 펀드는 독일에서 이윤이 가장 높은 기업들을 인수하는데, 인수전에서 독일은 적수가 되지 못한다. "미국 캘리포니아 교원연금에서 시작하여 위스콘신 소방공무원 연금, 영국 중부 광산노동자 연금"[*]에 이르기까지 독일 기업들은 점점 다른 나라 사람들의 노인 부양 자금을 조달하기 위한 기관이 되어가고 있다.

독일은 영국이나 미국처럼 자본 적립금으로 재정을 마련하여 노인 부양을 실시하는 것도 아니고 그에 상응하는 자금력도 없기 때문에, 독일 기업의 배당금과 후손들이 감당해야 할 국채 이자는 외

---

[*] 우베 H. 슈나이더(Uwe H. Schneider), 기관투자자들을 위한 특별법, 2005년 6월15일자 증권신문에 게재.(지은이)

국 은퇴자들에게는 도움이 된다. 인구학은 샴쌍둥이처럼 경제와 나란히 발전한다. 어느 한쪽 상황이 힘들어지면 다른 한쪽도 마찬가지로 힘들어진다.

Die ausgefallene Generation

16
어떤 대책이
있을까

인구 정책과 관련해서 국가가 실시하는
모든 조치의 최상위 목표의 본질은 민주주의이다.
인구 정책의 성공과 실패는 특히 계속되는 인구 감소의 원인을 제공하는
생활 여건을 개선해나갈 것인지, 또는 인구를 증가시켜
사회적으로 안정된 토대를 마련할 것인지에 달려 있다.
민주주의 목표가 "최대 다수의 최대 행복"에 있다면,
민주주의자가 줄어드는 상황에서는 그 목표를 달성하기 어려울 것이다.

■　■　■

《프랑크푸르터 알게마이넨 차이퉁》의 사설에서 어느 의학사회학 교수는 불임 치료를 위해 인간 복제를 허용해야 한다며 터무니없는 주장을 한 적이 있다. 우리는 인간 복제를 금지하고 있는 태아보호법의 정신적 뿌리를 민족사회주의까지 거슬러 올라가 찾을 수 있다. 민족사회주의자들은 자연의 뜻을 거스르는 인공 수정도 거부했기 때문에, 인간 복제 기술이 당시 존재했었다고 해도 분명히 거부했을 것이다. 반대로 이러한 결론도 생각해볼 수 있을 것이다. 사람들이 민족사회주의자의 견해와 반대되는 의견만이 옳다고 생각하여 인간 복제 기술을 허용했다면 아마 태아보호법도 그에 따라 바뀌었을 것이다.

독일에서 인구 정책을 거부하는 사람들도 이와 비슷한 별난 논리를 펴고 있다. 그들은 민족사회주의 독재와 동독과 같은 비민주주의 사회가 인구 정책 목표를 정치의 기본 요소로 보았기 때문에 인구 정책이라는 것이 민주주의 원칙에 부합하지 않는다고 주장한다.

이 견해는 약간 설득력 있어 보이기는 하지만, 이러한 견해를 주장하는 사람들은 민족사회주의자들이 사용한 인구 정책 개념을 새롭게 바꾼 것이 아니라, 아무 비판 없이 그대로 받아들인 것에 지나지 않는다는 사실을 간과해서는 안 된다. 이런 견해가 성숙하지 못한 것으로 결론이 내려진다 해도 많은 사람들은 아직도 이것을 뭔가 유용한 것으로 여기고 있다.

모든 정치적 행동(및 정치적 방치)은 인구수와 인구 구조에도 영향을 미친다. 이들 영향이 의도된 것이라면 그것은 '인구 정책'이라고 할 수 있다. 인구 정책으로 나타난 효과들이 의도된 것인지, 아니면 의도되지 않은 것인지와는 상관없이 인구 정책을 실시하면 그 파급 효과가 나타나게 마련이다. 인구 정책이 인구 변화에 미치는 영향은 피할 수 있는 것이 아니다.

인구 정책은 인구 변화에 미치는 영향에 따라 여러 가지로 불린다. 독일에서는 출산율에 영향을 미치는 인구 정책을 '가족 정책', '가족에 초점을 맞춘 사회 정책' 혹은 '사회적 후손 보장'으로 대체해 사용한다. 사망률 경감 내지 평균 수명 연장 정책은 '건강 정책'에 포함된다. 인구 정책 중 이민 정책만은 특정 대체 개념을 사용하지 않는다. 이것만 보아도 독일이 인구 변화에 미치는 이민 정책의 파급 효과를 철저하게 무시하고 있다는 것을 잘 알 수 있다.

출산 문제를 담당하는 가족부의 정책이 출산율에 미치는 영향보다 경제 정책이 출산율에 미치는 부작용이 훨씬 더 심각하다는 사실은 제대로 논의되고 있지 않다. 예를 들어, 경제 정책으로 높은 1인당 소득을 달성하면 할수록 직장생활과 가사일을 병행할 수 없거나 병행하기 어려울 경우 아이들을 점점 더 낳지 않게 될 것이다. 그래서 독일과 다른 국가들에서는 1인당 소득이 증가하면서 1인당 자녀수가 증가하는 것이 아니라 감소하는, 인구와 경제 사이의 패러독스 현상이 나타나고 있다. 독일을 보면, 1인당 소득이 1960년대 이후 2배 이상 늘었지만 여성 1인당 출생아수는 1960년대(2.5명)의 약 절반 정도(1.3명)밖에 안 된다.

인구 문제는 우리 사회에 아주 광범위하게 퍼져 있어, 정치적 이해관계에 맞춰 정책을 실현하기란 쉬운 일이 아니다. "인구에는 로비가 없다"고 밤베르크 대학교 인구학 교수인 요제프 슈미트(Josef Schmidt)는 말한다. 자신의 노년을 보장하기 위해 자녀를 낳아 교육한다는 생각을 단호히 부인하는 사람은, 당연히 다른 사람들의 노후를 보장하기 위해 아이를 낳지는 않을 것이다. 관할 부서별 정책이 인구 변화에 미치는 부작용은 그 영향력이 크기 때문에 다음과 같은 근본 방침이 생겼다. 즉, 인구 변화를 목표로 한 정책은 그 목표를 달성하기 위해서 다른 관할 부서의 정책이 미치는 인구 변화상의 부작용을 통제할 수 있어야만 한다는 것이다.

사회적 정책이 관할 부서의 목표와 어긋나게 실시된다면 사회 정책*이 필요 없게 되는 것처럼, 1970년 이후 인구 감소가 끝날 가망성이 보이지 않는 독일과는 달리, 인구가 점점 줄어들지 않고 그 결과 노령화도 심화되지 않는다면 인구 변화에 목표를 둔 정책도 필

---

* 독일 국내 정책의 한 부분으로 모든 국민의 삶의 기회와 삶의 조건을 균등하게 하고 안정적인 사회 질서를 만들어가기 위해 소외 계층을 돕는 국가 정책. 사회 정책이라는 말은 19세기 중반에 독일에서 처음 등장했다.(옮긴이)

요없게 될 것이다. 인구 감소는 자동으로 인구 고령화와 결부되기 때문에, 인구 고령화를 완화하고자 한다면 인구 감소를 경감시켜야만 한다. 즉 인구 고령화를 완화하고자 한다면 인구 변화에 목표를 둔 정책을 실시해야만 한다. 이때 이 정책을 인구 정책이라고 부르든 안 부르든 상관없다.

독일에서는 30여 년 전부터 이민을 받아들여 부족한 인구를 메우려는 인구 정책을 실행하고 있다. 이러한 이민 이입 정책으로 출산율을 다시 현 상태를 유지하는 수준인 여성 1인당 2명까지 끌어올리려는 인구 정책은 이민자 역시 독일의 낮은 출산율을 따르게 될 것이기 때문에 장기적으로 보아서는 최선의 대책이라고 할 수 없다. 계속 감소하는 출산율과 인구 고령화를 완화시키기 위해서는 앞으로도 더 많은 이민자를 받아들여야 할 것이다. 오늘날 인구 감소를 상쇄하기 위한 이민 이입자수와 이출자수의 차이는 약 20만 명에 이른다. 하지만 출산율이 크게 감소하고 있기 때문에 그 차이는 앞으로 매년 50만 명 혹은 70만 명까지 증가할 것이다.

30년 전부터 독일에서 실시된 이민 이입 인구 정책은 독일 내의 많은 인구 문제들을 해결한다 할지라도 정당화되지는 못한다. 왜냐하면 이민자들은 독일의 인구 문제를 해결해줄지는 모르지만, 자신들이 떠나온 출신 국가에 또 다른 문제를 안겨주기 때문이다. 독일의 이민 이입을 통한 인구 정책은 계속 이민을 받아들여야 한다는 것인데, 이민자들의 출신 국가에 이것을 계속 요구할 수 있는 것도 아닐 뿐더러, 계속되는 이민 정책으로 다른 나라뿐만 아니라 '우리 자신에 대해서'도 책임을 지지 못하게 될 것이다. '우리 자신에 대한' 책임은 우리가 우리 자녀와 손자손녀에게 훼손되지 않은 자연환경뿐만 아니라, 그들에게 부담을 주지 않는 사회를 물려주어야 한다는 미래 세대에 대한 책임이기도 하다.

인구 정책과 관련해서 국가가 실시하는 모든 조치의 최상위 목표의 본질은 민주주의이다. 인구 정책의 성공과 실패는 특히 계속되는 인구 감소의 원인을 제공하는 생활 여건을 개선해나갈 것인지, 또는 인구를 증가시켜 사회적으로 안정된 토대를 마련할 것인지에 달려 있다. 민주주의 목표가 "최대 다수의 최대 행복"에 있다면, 민주주의자가 줄어드는 상황에서는 그 목표를 달성하기 어려울 것이다.

가족에게 전가된 경제적 착취를 근절하는 것은 아이를 낳는 것이 개인의 발전을 위해 자연스러운 일이 될 수 있게 하는 필수 조건이다. 실제로 사람들이 아이를 낳게 하려면 아이가 있는 사람들의 삶이 직업적으로나 가정적으로 어려워서는 안 될 것이다. 스칸디나비아 반도에 있는 국가들과 프랑스는 국립 기관이나 교회 부설 혹은 민간 기관에서 아이들을 제대로 돌봐줌으로써 이런 목표가 실현 가능하다는 것을 보여준다.

독일은 독일보다 국민수가 2,000만 명 더 적지만 출산율은 더 높은 프랑스를 따라잡기 위해 학문적·재정적 수단이 부족하진 않다. 하지만 정치적 의지는 부족하다. 그렇지 않았더라면 다수를 차지하는 부모, 또 부모가 되고 싶어하는 유권자들이 출산율을 지속적으로 상승시킬 수 있는 다음과 같은 개정안을 관철시켰을 것이다.

1. 자녀가 있는 가정의 근로 활동과 양육 활동을 고려해서 연금보

험, 건강보험, 간병보험을 가족과 미래 지향적으로 개혁한다.

2. 부모의 양육 활동을 지원해주기 위해 종일반 학교처럼 취학 전 아이들을 돌볼 수 있는 믿을 만한 보육 기관을 도입한다.

3. 자녀 세금 공제액, 자녀 수당, 양육 수당을 인상한다.

4. 부모의 선거권 내지 가족 선거권*을 도입하기 위해 기본 원칙을 변경한다.

5. 여성으로 공석을 충원할 때 가정주부를 우선순위에 둔다.

만연해 있는 방심과 단기간 목표에 대한 기존의 과대평가, 그리고 장기적으로 보았을 때 나타날 수 있는 결과에 대한 무지 때문에 이러한 제안들을 이행하지 않을지도 모른다. 하지만 그 배후에 뭔가 다른 이유가 더 있을 수도 있다. 이것은 출산율 감소에 대한 말 없는 동의, 다양한 양상으로 나타나는 무관심, 일종의 자기 증오에서 비롯된 자학에서 나온 결과일 수도 있다.

독일은 해결해야 할 난제들을 가지고 있다. 하인리히 하이네(Heinrich Heine)가 한 말이 떠오른다. 그는 다음과 같이 말했다. "한밤에 독일을 생각하면……."* 그리고 카를 크라우스(Karl Kraus)는 "독일인은 장차 키프호이저(Kyffhaueser)를 카우프호이저(Kaufhaeuser)로 혼동하게 될 것"이라고 말했다. 그러나 이러한 혼동의 위

---

* 미성년자의 선거권을 부모나 가족이 대신 가질 수 있는 제도, 이러한 제도로 가족 정책이 가족에게 유리하게 작용할 것이다.(옮긴이)

* "……잠을 이룰 수도 없이 뜨거운 눈물을 흘리네"라고 이어진다. 유대인이었던 하인리히 하이네가 고통을 많이 받은 조국 독일을 향한 심정을 노래한 것.(옮긴이)

험은 사라진 듯 보인다. 이미 많은 사람들이 카우프호이저에만 관심을 가지고 있는 것처럼 보이니 말이다.*

---

* 키프호이저(Kyffhaueser)는 튀링엔 주에 있는 유적 지역을 말하고, 카우프호이저(Kaufhaeuser)는 백화점이라는 뜻으로, 이 말은 사람들이 독일의 역사나 문화보다는 경제적인 것에만 관심을 갖고 있는 현 상황을 비유해서 표현한 것이다.(옮긴이)

Die ausgefallene Generation ▮

17
인구통계학 시계는 현재
12시 30년을 가리키고 있다

인구 감소 속에 숨겨진 어떤 원인 때문에
아이들은 태어날 기회조차 얻지 못하는 것일까?
눈의 깜박임이 보는 것을 막지 못하는 것처럼
죽음이 영원히 끝이 아니라는 쇼펜하우어의 위안조차도
인구 감소 현상 속에서는 찾아볼 수 없을 만큼
인구 감소는 심각한 사회 문제가 되고 있다.

■　■　■

　사람들 대부분은 "인간을 대체할 수 있는 것은 아무것도 없다"라는 단순한 진리의 의미를 파악할 수 있을 만큼 영리하다. 독일의 이민자 역시 독일로 이민을 와서 독일의 문제들을 해결하기 전에 분명히 어디에선가 태어났다. 독일은 다른 나라들이 희생과 노력으로 이룬 결실을 수확해서 그 위에 미래를 건설할 수 있다고 믿고 있는데, 공식적으로 이것에 대해 반성하는 기미는 전혀 보이지 않는다. 독일인은 다른 국가들로부터 '최상'의 것을 얻으려고 경쟁하고 있는 자신의 모습을 보지 못하고 있고, 자신의 요구에 따라 새로운 형태의 식민주의를 만들어가고 있다는 것을 이해하지도 못하고 있다.

　독일은 인구 문제에 관해 얼마나 진지하게 생각해야만 하고, 생각할 수 있으며, 생각할 것인가? 독일 사회학 교수인 랄프 다렌도르프(Ralf Dahrendorf)가 말한 대로 인구 변화는 중요하지 않은 것인가? 아니면 "인구 재난과 비교하면 공산주의의 붕괴는 중요하지 않다"

고 확신한 클로드 레비 스트로스(Claude Levi-Strauss)*가 옳은가?

역사상 이처럼 견해가 극단적으로 엇갈린 주제는 거의 찾아보기 힘들다. 정치계가 인구학이라는 주제를 마치 전염병이 퍼져나가는 것을 막으려고 한 것처럼 수십 년간 침묵 속에 감춰둔 것은 지혜로운 행동이었나, 아니면 교활한 행동이었나?

정치적으로 인구학을 격리하여 차단해온 것은 새로운 세기의 시작과 함께 막을 내렸다. 2001년에 갑자기 인구 관련 문제에 대한 일반인의 관심이 증폭되었다. 2001년은 바로 헌법재판소가 간병보험과 '사회적'*인 것도 아니면서 '사회적'이라는 표현을 쓴 다른 사회적 정책들이 가족 적대적인 사회보장제도라는 진실을 파헤친 해이다. 헌법재판소 판사인 우도 슈타이너(Udo Steiner)는 연금보험·건강보험·간병보험 개혁에 대한 정치권의 노력을 "작동하고 있는 모터를 수리하려고 시도하는 것과 같다"고 표현했다. 헌법재판소 판사인 우도 디 파비오(Udo Di Fabio)는 "연방 헌법재판소는 간병보험에 대한 판결로 비상 브레이크를 걸었다"고 말했다.

그 효과는 어떠한가? 기차는 계속 잘못된 방향으로 달리고 있다. 간병보험에서 보면 유자녀 가정을 희생하여 무자녀 가정을 우대하는 것은 헌법에 위배되기 때문에 이것을 고쳐야 한다는 판결이 났는데도(2004년 12월 31일), 불평등은 여전히 남아 있다. 개정된 관련 법은 표면상으로만 개정되었을 뿐, 이 판결을 제대로 따르고 있지

---

* 프랑스 출신의 민족학자이자 인류학자, 구조주의 창시자.
* 독일에서 '사회적'이라는 의미는 '개인적' 또는 '귀족적'이라는 의미와 대립되는 개념을 말한다.

않다.

피부양권 소유자보다 분담금 지불자가 더 적다면 사회보장제도의 각 영역들(법적 연금보험 및 건강보험)이 제 기능을 다하지 못하게 된다. 피부양권을 지닌 노인의 수는 2050년까지 폭발적으로 증가할 것이다. 증가할 것이라고 확신하는 이유는 2050년에 60대 이상이라면 2005년에는 15세 이상일 테고, 2005년의 15세 이상인 젊은층 집단은 급격히 감소하고 있기 때문이다.

인구 변화의 속성에 대한 가장 중요하고도 심각한 오류는, 여성 1인당 출산율이 1.6명, 1.8명에서 2명까지 급격하게 다시 증가하면 최악의 상황에서 벗어날 수 있으리라고 생각하는 것이다. 하지만 현재 인구 상황은 '12시 30년'이다. 다시 말해 과거 출산율의 저하로 인해, 12시 30분이 되어야 하는 상황인데 중간 세대가 비어버려 12시 30년이 된 것이다. 그렇기 때문에 오늘날 여성 1인당 출생아 수가 이상적인 수치인 2명으로 늘어난다고 해도 수십 년간에 걸친 인구 고령화의 대세를 바꾸어놓지는 못할 것이다.

평균 수명이 더 이상 증가하지 않는다는 전제 하에서, 독일 인구 전체를 놓고 볼 때 20~60세 연령층에 대한 60세 이상 연령층의 비율은 2배가 될 것이다. 인구학은 인구 변화가 돌이킬 수 없는 결과를 가져오는 순간이 올 것이라는 점을 주의깊게 봐야 한다. 인구 변화 과정이 25년간 잘못된 방향으로 흐르면 이를 멈추게 하는 데는 75년이 걸린다.

스피드 시대를 사는 우리는 그리 시간이 많지 않아서 벌써 인내심이 바닥이 난 것 같다. 이것은 우리 사회가 기존 사회 문제들을 무시하고 "해결책이 없는 데에는 문제도 없다"[*]라는 논리에 따라 행동하는 정치가들을 선택한 결과이다.

18세기 인구학이 하나의 학문으로서 자리매김을 하기 전까지 인구학이 학문으로서 인정받는 데 어려움이 많았다는 것은 잘 알려져 있다. 독일은 학자들이 수많은 기사와 저서, 그리고 회의를 통해 수십 년 전부터 관심을 잃어버린 일반인들에게 인구 문제를 알려주기를 기대하고 있다. 하지만 학문을 통해 일반인을 계몽해야 한다는 사실을 정치권에서는 받아들이지 않았고, 언론 매체들 역시 기존의 지식을 사람들에게 알리지 않았다.

독일은 지금까지 그것에 대해서는 몰라도 된다는 생각을 해왔지만, 이제 이에 대한 비싼 대가를 치르게 될 것이다. 콜(Kohl) 정부는 주저하지 않고 인구조사 실시를 폐지시켰다. 오늘날 독일의 어떤 지역도 몇 명의 주민이 살고 있는지 정확히 알지 못한다. 공식적인 인구는 모두 1987년에 실시된 마지막 인구조사를 근간으로 한다. 2005년 4월 노르트라인 베스트팔렌 주 의회 소식지는 다음과 같이 전하고 있다. "일찍이 구교의 추산에 따르면, 앞으로 전체 예배당의 거의 절반은 필요 없게 되어 매각해야 한다." 이것이 일시적 인구학자들이 인구학회에서 전국적으로 논의한 '인구 감소 속에 숨겨진 위험'을 나타낸 것인가? 새로운 용도로 전환된 교회 건물들은 또 다른 수익을 낳을 것이고, 교회는 손해를 볼 것이다. 이런 견해에 대해 의원들과 구교 감독은 어떻게 생각할 것인가?

---

[*] 미국의 인구 전문가인 폴 드므니(Paul Demeny)가 한 말.

'인구 감소 속에 숨겨진 위험'을 주제로 한 학회 주최자들은 위기에 대해 숙고하는 대신 인구 감소 속에 숨겨진 위험들을 찾아내야 한다는 책임감을 느끼고 있다. 연금보험, 건강보험, 간병보험에 대한 분담금이 상향 조정되고, 임금이 삭감되고, 늙고 병든 사람들에게 제공되는 부양 수준이 악화되고, 학교, 도서관, 교회가 문을 닫는 것이 바로 인구 감소 속에 숨겨진 위험일까? 빈곤과 독일 내 대도시에 또 다른 제3세계가 확산되는 것은 어떤 숨겨진 원인 때문일까? 인구 감소 속에 숨겨진 어떤 원인 때문에 아이들은 태어날 기회조차 얻지 못하는 것일까? 눈의 깜박임이 보는 것을 막지 못하는 것처럼 죽음이 영원히 끝이 아니라는 쇼펜하우어의 위안조차도 인구 감소 현상 속에서는 찾아볼 수 없을 만큼 인구 감소는 심각한 사회 문제가 되고 있다.

■ 참고 문헌

1. 역사적 인구학과 인구사(人口史)

Alison, A., *The Principles of Population, and their Connection with Human Happiness*, 2 Bde., Edinburgh, London 1840.

Buba, H., *Man denkt an Thomas Robert Malthus*, Frankfurt/M. 1988.

Carr-Saunders, A. M., *World Population : Past Growth and Present Trends*, Clarendon Press, Oxford 1936.

Chalmers, T., On Political Economy, in Connexion with the Moral State and Moral Prospects of Society. In : *Works*, Bd. 19 und 20, Glasgow 1852, 1854.

Durand, J. D., *Historical Estimates of World Population : An Evaluation*. In : Population and Development Review, New York 1976.

Ehmer, J., *Bevölkerungsgeschichte und historische Demographie 1800~2000*, München 2004.

Fucks, W., Über die Zahl der Menschen, die bisher gelebt haben. In : Zeitschrift für die gesamte Staatswissenschaft, Bd. 1, 1/1951, S. 440~450.

Knodel, J., *The Decline of Fertility in Germany*, 1871~1939, Princeton University Press, Princeton 1974.

Mackensen, R., *Bevölkerungslehre und Bevölkerungspolitik im 《Dritten Rech》*, Opladen 2004.

Marschalck, P., *Bevölkerungsgeschichte Deutschlands im 19. und 20. Jahrhundert*, Frankfurt/M. 1984.

Pfister, Chr., *Bevölkerungsgeschichte und historische Demographie 1500~1800*, München 1994.

Polanyi, K., *The Great Transformation*, Frankfurt/M. 1978.

Lösch, A., *Was ist vom Geburtenrückgang zu halten?*, Heidenheim 1932.

Lösch, A., *Bevölkerungswellen und Wechsellagen*, Jena 1936.

2. 고전주의 인구 이론의 출처, 이론사(理論史)와 현대 이론의 발전

Birg, H., *Unterwegs zu einer philosophischen Demographie*. In : Zeitschrift für Bevölkerungswissenschaft, Nr. 16, 1990, S. 327~340.

Birg, H., *Differentielle Reproduktion aus der Sicht der biographischen Theorie der Fertiltät*. In : E. Voland (Hrsg.) : *Fortpflanzung : Natur und Kultur im Wechsellpiel*, Frankfurt/M. 1992, S. 189~215.

Birg, H., *Betrachtung über die demographischen Aspekte der Ethik und die ethischen Aspekte der Demographie*. In : H. Thomas (Hrsg.) : *Bevölkerung, Entwicklung, Umwelt*, Herford 1995a, S. 275~289.

Birg, H., *Die Weltbevölkerung-Dynamik und Gefahren*, München, ²2004.

Birg, H., Flöthmann, E.-J., Reiter, I., *Biographische Theorie der demographischen Reproduktion*, Frankfurt/M./New York 1991.

Bongarts, J., Bulatao, R. A. (Eds.), *Beyond six billion*, Washington 2000.

Boulding, K. E., The Economics of the coming Spaceship Earth. In : H. Jarett(Ed.) : *Environmental Quality in a Growing Economy*, Baltimore 1966.

Brentano, L., *Die Malthussche Lehre und die Bevölkerungsbewegung der letzten Dezennien*, Königlich Bayerische Akademie der Wissenschaften, Bd. 24, 3. Abteilung München 1909.

Brocke, B. v., *Bevölkerungswissenschaft quo vadis? - Möglichkeiten und Probleme einer Geschichte der Bevölkerungswissenschaft in Deutschland*, Opladen 1998.

Chesnais, J.-C., *The Demographic Transition-Stages, Patterns and Economic Implications*, Oxford 1992.

Davis, K., *The Worlds Demographic Transition*. In : Annals of the American Academy of Political and Social Sciences, No.273/1945, pp. 1~11.

Dupâquier, J., Fauve-Chamoux, A., Grebenik, E. (Eds.), *Malthus Past and Present*, Academic Press, London/New York 1983.

Keyfitz, N., Toward a Theory of Population − Development Interaction. In : K. Davis; M. S. Bernstam (Eds.) : *Resources, Environment, and Population : Present Knowledge, Future Options*, New York/Oxford 1991.

King, M., *Population Growth, Entrapment and the Sustainability of Health*. In : German Institute for Medical Mission (Ed.) : The Consequences of Population Growth for Health Care Programmes, 1993, pp. 7~12.

Kingsley, D. (Ed.), *Below Replacement Fertility in Industrial Societies*, Population Council, New York 1987.

Landry, A., *La révolution démographique*, Paris 1934.

Landry, A., *Traité de demographie*, Paris 1945.

Leete, R., Alam, I.(Eds), *The Revolution in Asian Fertility*, Oxford 1993.

Mackenroth, G., Bevölkerungslehre − *Theorie, Soziologie und Statistik der Bevölkerung*, Berlin 1953.

Mackensen, R., *Bevölerungsfragen auf Abwegen der Wissenschaften − Zur Geschichte der Bevölkerungswissenschaft in Deutschland im 20. Jahrhundert*, Opladen 1998.

Malthus, Th. R., *An Essay on the Principle of Population, as it Affects the Future Improvement of Society with Remarks on the Speculations of Mr. Godwin, M. Condorcet and Other Writers*, London 1798, Reprint : Harmondsworth 1970. Deutsche Übersetzung v. Chr. M. Barth : Das Bevölkerungsgesetz, München 1977.

Malthus, Th. R., *An Essay on the Principle of Population*, London 1803.

Malthus, Th. R., *Versuch über die Bedingungen und Folgen der Volksvermehrung* [The Principle of Popultion], London 1803. Übersetzun von F. H. Hegewisch, Altona 1807.

Oppenheimer, F., *Das Bevölkerungsgesetz des Th. R. Malthus und der neueren Nationalökonomie*, Berlin/Bern 1901.

Salder, M. T., *The Law of Population : A Treatise in Six Books, in Disproof of the Superfecundity of Human Beings, and Developing the Real Principle of Their Increase*, London 1830. In : Ch. Sugiyama, A. Pyle(Eds.) : Reprint, London 1994.

Senior, N. W., *Two Lectures on Population*, London 1828.

Sieferle, R. P., *Bevölkerungswachstum und Naturhaushalt*, Frankfurt/M. 1990.

Simon, J., *The Ultimate Resource*, Oxford 1981.

Sombart, W., *Vom Menschen*, Berlin 1938.

Süßmilch, J. P., *Die Göttliche Ordnung in den Veränderungen des menschlichen Geschlechts, aus der Geburt, Tod und Fortpflanzung desselben erwiesen*, Erste Ausgabe : Berlin 1741, erweiterte Ausgabe : Berlin 1765.

United Nations (Ed.), *The Determinants and Consequences of Population Trends*, Vol. 1, New York 1973.

Weingart, P., Kroll, J., Bayertz, K., *Rasse, Blut und Gene – Geschichte der Eugenik und Rassenhygiene in Deutschland*, Frankfurt/M. 1988.

Wolf, J., *Der Geburtenrückgang. Die Rationalisierung des Sexuallebens in unserer Zeit*, Jena 1912.

3. 유엔과 국제 인구학 연구소의 인구 추정, 인구통계와 형식 인구학

Birg, H., *World Population Projections for the 21st Century – Thoretical Interpretations and Quantitative Simulations*, Frankturt/M./New York 1995.

Birg, H., Filip, D., Flöthmann, E. -J., *Paritätsspezifische Kohortenanalyse des generativen Verhaltens in der Bundesrepublik Deutschland nach dem Zweiten Weltkrieg*, Materialien des Instituts für Bevölkerungsforschung und Sozialpolitik, Bd. 30, Universität

Bielefeld 1990.
Birg, H., Flöthmann, E. -J., *Demographische Projektionsrechnungen für die Rentenreform 2000 – Methodik und Hauptergebnisse*, Materialien des Instituts für Bevölkerungsforschung und Sozialpolitik, Bd. 47A, Universität Bielefeld 2001.
Birg, H., Flöthmann, E. -J., Frein, Th., Ströker, K., *Simulationsrechnungen zur Bevölkerungsentwicklung in den alten und neuen Bundesländern im 21. Jahrhunert*, Materilalien des Insituts für Bevölkerungsforschung und Sozialpolitik, Bd. 45, Universität Bielefeld 1998.
Birg, H., Koch, R., *Der Bevölkerungsrückgang in der Bundesrepublik Deutschland*, Frankfurt/M./New York 1988.
Bos, E., et al., *World Popultion Projections, 1994~95 Edition*, Baltimore/London 1994.
Bourgeois-Pichat, J., *Charges de la population active*. In : Journal de la Société de Statistique de Paris, 3/4, 1959, S. 94 f.
Caldwell, J. C., The Asian Fertility Revolution : Its Impacts for Transition Theories. In : R. Leete; I. Alam (Eds.) : *The Revolution in Asian Fertility*, Oxford 1993.
Dinkel, R., *Demographie*, München 1989.
Feichtinger, G., *Demographische Analyse und populationsdynamicsche Modelle*, Wien/New York 1979.
Frejka, T., Long-Range Golbal Popultion Projections : Lessons Learned. In : W. Lutz (Ed.) : *The Future Population of the World – What Can we Assume Today?*, London 1994.
Johnson, S. P., *World Population – Turning the Tide. Three Decades of Progress*, London/Dordrecht/Boston 1994.
Lutz, W. (Ed.), *Future Demographic Trends in Europe and North America*, Laxenberg 1991.
Lutz, W. (Ed.), *The Future Population of the World – What Can we Assume Today?*, London 1994.
Mackensen, R. (Hrsg.), *Bevölkerungslehre und Bevölkerungspolitik vor 1933*,

Opladen 2002.

Robey, B., et al., *The Reproductive Revolution : New Survey Findings.* In : Johns Hopkins University Population Program, Population Reports, Series M, No. 11, Baltimore Oct. 1992.

Robey, B., et al., *Familienplanung in Entwicklungsländern.* In : Spektrum der Wissenschaft, 2/1994.

United Nations (Ed.), *The Future Growth of World Population,* New York 1958.

United Nations (Ed.), *Long-range World Population Projections - Two Centuries of World Population Growth 1950~2150,* New York 1992.

United Nations (Ed.), *World Urbanization Prospects - The 1994 Revision,* New York 1995.

United Nations (Ed.), *Replacement Migration - Is it a solution to declining and ageing populations?* New York 2001.

United Nations (Ed.), *World Population in 2003.* New York 2004.

United Nations (Ed.), *World Population Prospects-The 2004 Revision,* New York 2005.

Weltbank (Ed.), *World Population Projections, 1994~95 Edition,* Baltimore/London 1994.

4. 일반 개론 및 각 분야의 상호 참조

Birg, H., *Die demographische Zeitenwende.* In: Spektrum der Wissenschaft, 1/1989, S. 40~48.

Birg, H., *Die Eigendynamik des Weltbevölkerungswachstums.* In : Spektrum der Wissenschaft, 9/1994, S. 38~46.

Birg, H., *Dynamik der demographischen Alterung, Bevölkerungs-schrumpfung und Zuwanderung in Deutschland.* In : Aus Politik und Zeitgeschichte, Nr. 20, 2003, S. 6~17.

Birg, H., *Dynamik der demographischen Alterung und Bevölkerungs-schrumpfung - wirtschaftliche und gesellschaftliche Auswirkungen in Deutschland.* In : Herbert-Quandt-Stiftung (Hrsg.), Gesellschaft ohne Zukunft? - Bevölkerüngsrückgang und Überalterung als politische Herausforderung, Bad Homberg v. d. Höhe 2004.

Birg, H., *Bevölkerungsentwicklung*, Bundeszentrale für politische Bildung (Hrsg.), Information zur politischen Bildung, Nr. 282, Bonn 2004.

Cavalli-Sforza, L. u. F., *Verschieden und doch gleich*, München 1994.

Club of Rome (Ed.), *Die erste globale Revolution*, Frankfurt/M. 1993.

Deevey, E. S. Jr., *The Human Population.* In : Scientific American, 9/1960, pp. 195~204.

Deutsches Institut für Fernstudien (Hrsg.), *Humanökologie - Weltbevölkerung, Ernährung, Umwelt*, Weinheim/Basel 1992.

Ehrlich, P. R., Ehrlich, A. E., Holdren, J. P., *Ecoscience : Population, Resources, Environment*, San Francisco 1977.

Fritsch, B., From Limits to Growth to the Growth of Limits. In : H. Birg, Fritsch, B., Hösle, V. (Eds.) : *Population, Evironment, and Sustainable Livelihood*. Materialien des Instituts für Bevölkerungsforschung und Sozialpolitik der Universität Bielefeld, Bd. 37, 1995.

Hayflick, L., Biological Aspects of Aging. In : S. Preston (Ed.) : *Biological and Social Aspects of Mortality and Length of Life*, Liege 1982.

Hayflick, L., *The Future of Aging.* In : Nature, vol. 8, Nov. 2000, p. 267.

Höpflinger, G., *Bevölkerungssoziologie*, Weinheim/München 1997.

Hösle, V., Moral Ends and Means of World Population Policy. In : H. Birg, Fritsch, B., Hösle, V. (Eds.) : *Population, Environment, and Sustainable Livelihood*. Materialien des Insituts für Bevölkerungsforschung und Sozialpolitik der Universität Bielefeld, Bd. 37, 1995.

Jonas, H., *Das Prinzip Verantwortung*, Frankfurt/M. 1984.

Jonas, H., *Technik, Medizin und Ethik*, Frankfurt/M. 1987.

Kaufmann, F.-X., *Schrumpfende Gesellschaft*, Frankfurt/M. 2005.

Leipert, Chr., *Demographie und Wohlstand*, Opladen 2003.

Leisinger, K., *Hoffnung als Prinzip*, Basel/Berlin 1993.

Mayer, T., *Die demographische Krise*, Frankfurt/M. 1999.
Mayr, E., *Die Entwicklung der biologischen Gedankenwelt*, Heidelberg/New York 1984.
Meadows, D. L., Zahn, E., Milling, P., *Die Grenzen des Wachstums. Bericht des Club of Rome zur Lage der Menschheit*, Hamburg 1973.
Meadows, D. L., Meadows, D. H., Randers, J., *Beyond the Limits*, Post Mills 1992.
Meadows, D. L., Randers, J., *Die neuen Grenzen des Wachstums*, Stuttgart 1992.
Miegel, M., Wahl, S., *Das Ende des Individualismus*, München 1993.
Münz, R., Ulrich, R., Zu viele Menschen?. In : Deutsche Stiftung Weltbevölkerung(Hrsg.) : *Weil es uns angeht – Das Wachstum der Weltbevölkerung und die Deutschen*, Hannover 1995.
Preston, S. H. (Ed.), *Biological and Social Aspects of Mortality and Length of Life*, Liege 1982.
Schievenhövel, W., u. a., *Vom Affen zum Halbgott*, Stuttgart 1994.
Schirrmancher, F., *Das Methusalem Komplott*, München 2004.
Sieferle, R. P., *Bevölkerungswachstum und Naturhaushalt*, Frankfurt/M. 1990.
Sinn, H.-W., *Ist Deutschland noch zu retten?*, München 2004.
Thatcher, A. R,, Kannisto, V., Vaupel, J. W. : *The Force of Mortality at Ages 80 to 120*, Odense 1998.
Vogel, Chr., Populationsdichte-Regulation und individuelle Reproducktionsstrategien in evolutionsbiologischer Sicht. In : O. Kraus(Ed.) : *Regulation, Manipulation und Explosion der Bevölkerungsdichte*, Göttingen 1986.
Voland, E. (Hrsg.), *Fortpflanzung : Natur und Kultur im Wechselspiel*, Frankfurt/M. 1992.
Voland, E., *Kalkül der Elternliebe – ein soziobiologischer Musterfall*. In : Spektrum der Wissenschaft, 6/1995, S. 70~77.
White, R. M., *Die große Klima-Debatte*. In : Spektrum der Wissenschaft, 9/1990.

5. 사회, 경제, 환경과 부양에 미치는 인구 변화의 영향

Bick, H., Hansmeyer, K. H., Olschowy, G., Schmoock, P., *Angewandte Ökologie-Mensch und Umwelt I und II*, Stuttgart 1984.

Birg, H., Demographische Wirkungen politischen Handelns. In : H.-U. klose (Hrsg.) : *Bevölkerungsentwicklung und dynamische Wirtschaft*, Opladen 1993.

Birg, H., (Hrsg.), *Auswirkungen der demographischen Alerung und der Bevölkerungsschrumpfung auf Wirtschaft, Staat und Gesellschaft*, Münster 2005.

Birg, H., Flöthmann, E.-J., Bevölkerungsprojektionen für das vereinigte Deutschland bis zum Jahr 2100. In : Deutscher Bundestag (Hrsg.) : *Studienbericht der Enquete-Kommission 《 Schutz der Erdatmosphäre》*, Bd. 3, Teilband 2, Bonn 1995.

Birg, H., Flöthmann, E.-J., *Entwicklung der Familienstrukturen und ihre Auswirkungen auf die Belastungs- bzw. Transferquotienten zwischen den Generationen.* In : Deutscher Bundestag(Hrsg.) : *Studienprogramm der Enquete-Kommission 《Demographischer Wandel》, Herausforderungen unserer älter werdenden Gesellschaft an den einzelnen und die Politik*, Bd. 1, Bonn 1996. Außerdem : Materialien des Instituts für Bevölkerungsforschung und Sozialpolitik, Bd. 38, Universität Bielefeld 1996.

Bongaarts, J., *Genug Nahrung für zehn Milliarden Menschen?* In : Spektrum der Wissenschaft, 5/1996.

Borchert, J., *Der 《Wiesbadener Entwurf》 einer familienpolitischen Strukturform des Sozialstaats.* In : Hessische Staatskanzlei(Hrsg.), Familienpolitik muß neue Wege gehen, Wiesbaden 2003.

Braun, J. v., Die langfristige Herausforderung der Ernährungssicherung. In : Deutsche Welthungerhilfe(Hrsg.) : *Weltbevölkerung und Welternährung*, Bonn 1994.

Bundesinstitut für Bevölkerungsforschung(Hrsg.) : *Internationale Konferenz 1994 über Bevölkerung und Entwicklung*, Sonderheft 26,

Wiesbaden 1994.

Dasgupta, P. S., *Bevölkerungswachstum und Umwelt*. In : Spektrum der Wissenschaft, 7/1995.

Deutscher Bundestage, Enquete-Kommission 《Schutz der Erdatmosphäre》 (Hrsg.), *Schutz der Erde*, Bd. 1 und 2, Bonn 1990.

Deutscher Bundestage(Hrsg.) : *Zwischenbericht der Enquete-Kommission 《Demographischer Wandel》*, Bonn 1994.

Fritsch, B., *Mensch, Umwelt, Wissen*, Zürich 1994.

Landis, F., u. a., Population, Number of Households, and Global Warming. In : *Popnet*, No. 27, Laxenburg 1995.

Notestein, F. W., Population : The Long View. In : E. Schultz (Ed.) : *Food for the World*, University of Chicago Press, Chicago 1945, pp. 36~57.

Repetto, R., *Die Entwaldung der Tropen : ein ökonomischer Fehlschlag*. In : Spektrum der Wissenschaft, 6/1990.

Schmid, J., Heigl, A., Mai, R., *Sozialprognose - Die Belastung der nachwachsenden Generationen*, München 2000.

Spektrum der Wissenschaft (Hrsg.), *Dossier : Dritte Welt*, Heidelberg 1996.

Weizsäcker, U. v., *Erdpolitik*, Darmstadt 1989.

Weizsäcker, U. v., Lovins, A., Lovins, H., *Faktor 4*, München 1995.

Wingen, M., *Familienpolitische Denkanstoße*, Grafschaft 2001.

사라져가는 세대
출산율 감소와 인구 고령화, 그리고 인구학이 말하는 우리의 미래

초판 1쇄 인쇄 2006년 4월 10일
초판 1쇄 발행 2006년 4월 17일

지은이 | 헤르비히 비르크
옮긴이 | 조희진
펴낸이 | 김세영
펴낸곳 | 도서출판 플래닛미디어

주소 | 121-839 서울 마포구 서교동 381-38 3층
전화 | 3143-3366
팩스 | 3143-7996
등록 | 2005년 9월 12일 제 313-2005-000197호
이메일 | webmaster@planetmedia.co.kr

ISBN 89-957515-3-3 03330